新視界叢書

觀察

By Serge Berthier

被西方誤讀的中國

Chine: Comment l'Occident se fabrique des ennemis

〔法〕塞爾日·貝爾蒂 著

崔小琴 譯

叢書策劃	斯諾工作室
責任編輯	龍　田
書籍設計	a_kun
書籍排版	楊　錄

書　　名	被西方誤讀的中國
著　　者	〔法〕塞爾日・貝爾蒂（Serge Berthier）
譯　　者	崔小琴
出　　版	三聯書店（香港）有限公司 香港北角英皇道 499 號北角工業大廈 20 樓 Joint Publishing (H.K.) Co., Ltd. 20/F., North Point Industrial Building, 499 King's Road, North Point, Hong Kong
香港發行	香港聯合書刊物流有限公司 香港新界荃灣德士古道 220-248 號 16 樓
印　　刷	美雅印刷製本有限公司 香港九龍觀塘榮業街 6 號 4 樓 A 室
版　　次	2023 年 10 月香港第一版第一次印刷
規　　格	特 16 開（150mm × 210mm）208 面
國際書號	ISBN　978-962-04-5288-8

© 2023 Joint Publishing (H.K.) Co., Ltd.
Published & Printed in Hong Kong, China.

目　錄

致讀者

在一本關於中國的書裏，我們能否先來講一講"通俄門"？

不少人應該還記得這件事，2021 年 11 月 4 日，一個叫伊戈爾·丹琴科（Igor Danchenko）的人被美國聯邦調查局逮捕了。他被指控於 2016 年憑空捏造虛假檔案，目的是摧毀當時的美國總統候選人唐納德·特朗普（Donald Trump）。伊戈爾·丹琴科出生於 1978 年，俄羅斯人，1991 年入籍美國。他是美國最知名的智庫之一"布魯金斯學會"的分析員，關於這個智庫的角色和資金來源，我們會在本書的結尾部分予以說明。

故事要從民主黨候選人希拉里·克林頓（Hillary Clinton）暗中僱用一家私人機構——"福森公司"（Fusion GPS）說起。她委託該公司盡全力搜集證據，試圖在選舉最後一刻擊潰共和黨候選人唐納德·特朗普。

而福森公司，也只是表面煙幕彈，該公司實際上將任務分包給了一個叫克里斯托弗·斯蒂爾（Christopher Steele）的英國人，此人之前受僱於英國情報六局（相當於法國的對外安全局）。

　　然而斯蒂爾這位冒險家對待這件差事卻表現得極為草率，他非常輕易地就露餡了。例如，他在報告中聲稱特朗普通過俄羅斯駐美國邁阿密領事館收取了一筆錢，然而事實上，俄羅斯在邁阿密根本沒有領事館！斯蒂爾還宣稱找到了特朗普競選團隊與俄羅斯幾個相關人員在布拉格會面的證據。另外，《紐約時報》和一些歐洲媒體還時不時報道一些斯蒂爾提供的滑稽證據，比如特朗普在俄羅斯參加了狂歡派對，甚至在卡爾頓酒店召妓，還有他的競選團隊曾經在厄瓜多爾駐英國使館拜訪朱利安・阿桑奇（Julian Assange）[1]。

　　面對這些小道消息，希拉里・克林頓的支持者們選擇了相信，儘管時任中央情報局局長約翰・布倫南（John Brennan）曾於 2016 年 7 月提醒奧巴馬，其黨派的女候選人[2]正在編造一個特朗普同俄羅斯秘密交易的虛假檔案。然而，為了支持本黨派的女候選人，奧巴馬當時選擇了按兵不動。

　　2018 年，詹姆斯・科米（James Convey）被強制參加美國參議院某委員會的一場聽證會，他曾於 2013 年至 2017 年擔任美國聯邦調查局局長，在特朗普上台不久後被免職。在被質詢過程中，科米重複了足足 245 次，表示關於斯蒂爾檔案的事情他一無所知，什麼也不記得

1　朱利安・保羅・阿桑奇（Julian Paul Assange）為 "維基解密" 的創始人，被稱為 "黑客羅賓漢"。2010 年，維基解密網站因曝光關於阿富汗戰爭和伊拉克戰爭的海量秘密文件令美國政府　面盡失。2012 年，阿桑奇在保釋期間躲進厄瓜多爾駐英大使館。——譯者注
2　即民主黨派的希拉里・克林頓。——譯者注

了，這與他無關。詹姆斯·科米，這位曾經的聯邦調查局局長，是純粹的民主黨派，他之前顯然做好了一切準備支持本黨派的女候選人當選。

調查還在繼續，法官發現伊戈爾·丹琴科被人收買，偽造出了斯蒂爾檔案。在我寫作本書時，事情的結果還不明朗，關於丹琴科就職的布魯金斯學會是否利用了自身的信譽參與偽造了斯蒂爾檔案，尚沒有明確的結果。正如我所說的，調查還在繼續。

我在這裏講這麼多關於伊戈爾·丹琴科的事件做什麼呢？因為這個事件很清楚地告訴我們：當下的傳媒世界在系統性地敵對俄羅斯，以及中國。

本書講述的內容可能會令一些人感到費解，我期待或者至少能引發他們開始質疑，這些人可能包括某位記者、某位學者、某位政客，總之，所有那些對關於中國的真相感興趣的人。

西方喜歡用一種簡單片面的價值觀來描述世界。我們的判斷通常基於類似丹琴科這樣的所謂專家，他們就職的那些智庫看起來似乎都備受尊敬。在本書中，我們還會提到另外一些相似的人。

特朗普當政期間，曾否認自己建立"影子政府"[1]，以及協助俄羅斯和美國走近，但是對此沒有一家知名媒體選擇相信他和支持他。我們對於中國的誤解，其實情況也是一樣的 —— 二十多年來，一些"丹琴科們"一直在西方世界固化關於中國的刻板形象，而且這個做

---

1 亦稱"深層國家"（Deep State），被用來定義控制美國政府的群體。—— 譯者注

被西方誤讀的中國

法一直行得通。

　　鑒於此，中國可謂這類骯髒謊言的受害者。同一批人，同一批機構，不斷地使出類似誹謗普京和特朗普關係的把戲，不遺餘力地扭曲中國的形象。

關於本書

　　我第一次見到一個中國人，是在 1980 年。當時，我剛被僱主外派到新加坡去開發"遠東"地區 —— 這個現在看來已經過時的稱謂，那時候指從印度到日本、從中國到澳大利亞的地理範圍。站在法國的角度看，新加坡算是這個地理區域的中心。事實上，我所供職的這家石油公司的業務當時僅僅涉及印度、馬來西亞（Sarawak，砂拉越州）、韓國、日本和西澳大利亞。

　　在那個時候，新加坡還遠非我們今天所談論的這個花園城市國家：雖然城市中心和地理版圖已然確定，但機場還是英國人建的巴耶利峇軍事機場，而始建於 1951 年的候機樓，竟然是坐落在熱帶雨林中的一大片臨時木製棚屋！

　　在巴耶利峇機場著陸時，首先讓我吃驚的是必須填寫一張入境卡，卡片中有一欄我要選填自己是一名"高加索人"。這個詞在歐洲並不被用來描述"白人"，我感到既困惑又惱火。以往從來沒有人問過我是否為白人，而新加坡社會卻一上來就給我劃分種族了 —— 這裏生活著中國人、馬來西亞人，還有所謂的高加索人。

但沒有人批評這個事情，大家早就習以為常。在英國的佔領地香港也是一樣，在香港的身份證上可以看到，英國一直將其佔領地居民分為兩種：英國人和其他人，也就是說黃種人，即香港的中國人。

然而，這一切都被忽略了，或者說是被掩蓋了。但正如偉大的作家格雷厄姆·格林（Graham Greene）[1] 的作品名字一樣，這其實正是《問題的核心》（*The Heart of the Matter*）。

我真正意義上認識的第一個中國人，是我辦公室的主管。他是整個團隊的後勤保障人員。我們團隊不大，成員構成卻很多元：有一個年邁的很快被邊緣化的英國人、兩個法國工程師、一個蘇格蘭估算師，當然還有我；除此之外，還有一個中國執行秘書、一個中國電報收發員，一個負責我們日常出行的中國司機，還有中國會計，等等……

半年之後，我已經能夠融入團隊了，同我一起工作的還有日本人、韓國人、馬來人（土著），即我們所說的 "馬來族" 和華裔馬來人。

來遠東地區一年以後，每次回到巴黎，我都會被當成一個令人好奇的傢伙。事實上，人們都在暗自思忖，這個傢伙是如何應付那麼多外國人的呢，尤其他是怎麼同中國人一起工作的呢。人力資源主管表現得最為好奇，儘管他見識過法國僱員，也見識過中東僱員、非洲僱

---

1 格雷厄姆·格林（Graham Greene，1904—1991），英國作家、編劇、文學評論家。——譯者注

員、美國僱員，但是這三個地區的人都不足以讓他產生此等好奇心。

他們不約而同地都向我打聽："他們是什麼樣的人？他們言行舉止怎麼樣？他們足夠誠信嗎？" 我的回答也從來不變："他們忠誠可靠，但是他們的行為有時候的確很令人費解。他們對我們漠不關心的事情非常上心，對我們看重的很多東西卻毫不在意。他們挑剔又敏感。"

大家以為中國人城府很深，因為從他們臉上你很難看出喜怒哀樂，而當蘇格蘭人要發怒的時候，所有人都能一眼看出來。簡言之，中國彷彿是另外一個世界。然而，一旦習慣了，我反倒覺得他們讓人很舒服，因為他們的一切行為都可以預期，而且他們也從來不給我的生活添麻煩。

四十年以後，我也沒有改變自己的看法。中國人與我們很不同，他們有著不同的文化，不同的世界觀，不同的家庭觀念。他們的世界中，有一種我們從來沒接觸過的觀念，我想說的就是 "面子"（la face）——對於一個西方人來說，這個詞的含義是很難理解的。

一個中國人是堅決不允許自己丟面子的。他會盡一切努力保全臉面，有時候甚至會導致意想不到的後果。我在香港生活多年，隨後在新加坡也待過幾年，我發現一個現象：同中國人一起工作，我們不需要簽合同。而白人恰恰相反，我們非常看重合同，我甚至正是以此為生。在我們的邏輯裏，不簽合同的話我們什麼都不會去做，我們僱用專門的人來將合同條分縷析，就是為了繞過所有可能的風險。對一個中國人來說，這麼做是很丟臉的。你知道的，他們的面子同信任感聯繫在一起，簽合同意味著不信任，而他們在任何情況下都不能丟臉。

這對我們來說有點好笑，對他們卻至關重要，中國就是這樣一個與我們完全不同的地方。習慣了就會感覺很放鬆。

我一直不是很想寫作這本書，因為對於中國人，我過去講得太多了，但是徒勞無功，因為教堂不會改變自己的宗教，教徒也不會改變自己的信仰，而"逢中必反"儼然已經成為一種西方社會的宗教信仰。

人們時常問我，"為什麼中國人這樣，為什麼中國人那樣"，而每當我給出的答案跟他們預期的不一樣時，他們就會拿出媒體的報道來反駁，這時我通常會建議他們去查一下消息來源，但很少有人真的會這麼做。這種情形其實很可笑，因為與以往任何時候相比，今天的我們都能夠更便捷地查詢多種消息來源以核實真相。

我注意到，在我們這個互聯互通的、社交化的、新的世界中，大家都滿足於一些老生常談的論調，還有那些過於簡單的信息梗概，而殊不知，這一切都是極其容易被操縱和歪曲的。

這種隨大流的態度不僅暴露出我們越來越嚴重的無知，同時也說明了：在我們眼中，真相是什麼已經不重要了。

為什麼我們會變成這樣？其背後的原因和動機是什麼？哎，說實在的，我們的行為是由慣有的條件反射決定的，行為背後其實是對未知和新事物的恐懼。

恐懼往往與未知相伴而行。我們面對不熟悉的事物總是充滿擔憂。面對未知的世界也是同樣的道理。我們都是天生的保守主義者。在民主體制下的各種政治辯論中，這個道理也是適用的。最終被選中的人，其實只是因為在選民眼裏，他看起來比另一個候選人不那麼令人恐懼。可是，如何能抑制選票造假以愚弄民眾的邪惡念頭呢？

由於中國人的歷史和文化與我們的截然不同，所以面對如此地域遼闊、人口眾多的未知國度，我們一直將其描繪成巨大的威脅，而這又有什麼值得大驚小怪的呢？

這難道不正是我們自己投射的幻覺麼？

如今，美國，這個在二戰後誕生的新興帝國，則利用了我們的恐懼來捍衛它自身的利益。

在過去，由於人性的盲從，西方國家一直利用宗教來進行統治。而在中國沒有利用宗教來統治。因此西方就指責中國，把這個國家妖魔化，這麼做是不妥的。

我希望讀者們能夠認同福樓拜的觀念，他在寫作最後一本小說時，曾經說道：

> 如果我們可以像物理科學一樣不偏不倚地對待人類的靈魂，那麼我們就邁出了重大的一步：這是人類可以超越自我的唯一方法。人就像上帝一樣，須從高處來評判自己。

這本備受爭議的小說就是《包法利夫人》。在那個時代，人類還沒有學會從高處來評判自己。福樓拜受到世人的審判，因為他寫出了那些世人做過卻不能說的事情。

福樓拜是一個樂觀主義者。他相信社會進步。如果他看到我們這個 21 世紀的偽民主的社會，不僅沒有做到從高處來評判自己，甚至正在變得跟他身處的時代日趨接近，而且我們還同過去一樣偏執和排異，他一定會感到吃驚，甚至感到驚悚不安。

這種捲土重來的排異潮流很快演變成了國家種族主義，就像以前殖民時代的炮艦政策，這並非一個好兆頭。媒體齊刷刷地對準中國（以及俄羅斯）開炮，而他們選擇抨擊的一切都僅僅是出於本能，卻沒有任何事實依據來提供支撐。

這本拙作並沒有什麼雄心壯志，筆者僅僅期望藉此揭開我們正在遭受的一些藉由操控掩蓋真相的面紗。如果能夠平息一些人好戰的狂熱，如果能夠消除一些疑慮，或者如果能夠讓一些人變得包容，那麼我就沒有浪費時間。

塞爾日・貝爾蒂

前言

19 世紀 30 年代，一個名叫威廉・渣甸（William Jardine）[1] 的蘇格蘭富翁，試圖挑起英國和中國的一場戰爭，目的是擴張自己的商業帝國。這個商人向中國出售鴉片，他堪稱"毒品之王"。當時大清帝國跟西方國家一樣也禁止毒品的貿易和消費，但是最終徒勞無功。

渣甸用了十幾年的時間來實現自己的計劃。他明白政客們總是需要錢，於是憑藉著自己的萬貫家財，以各種方式收買各種人。他甚至還負責軍隊的部分開支，主要是英國政府不想支付也無力承擔的那部分軍費。

隨後的事情，我們就都知道了。那時候的中國既沒有間諜，也不明白這個事實：西方國家的戰爭不僅使科技大踏步前進，同時也創造出了戰爭工業。大清帝國就這樣輸掉了第一盤棋。1840 年鴉片戰爭

---

1 威廉・渣甸（William Jardine，1784—1843），出生於蘇格蘭，早年是一名在中國從事鴉片貿易的船上的外科醫生，後來創辦了怡和洋行，轉型為富有實力的商人，在推動鴉片戰爭中起關鍵作用。他沒有子嗣，去世後商業帝國留給了其姐姐。

爆發，清朝的潰敗令中國生靈塗炭，付出了慘重代價，但卻令渣甸和他的同夥詹姆斯·馬地臣（James Matheson）賺得盆滿缽滿。直到今天，他們家族的後代們還在分食這些巨大的蛋糕 —— 他們成為了英國大部分銀行和公司的股東。

今天，腐蝕政治體制的早已不再是鴉片商人，然而卻出現了一個有著類似替代作用的組織，它被美國總統特朗普稱為"影子政府"（深層國家）。這個組織直接影響著美國最高軍事指揮機關 —— 國防部 —— 的運轉，就如同億萬富翁渣甸那般。眾多公司都依附於這個組織。該組織也是眾多財力雄厚的巨頭公司的第一投資人，這些公司位置優越，沿街旺舖林立，比如谷歌、蘋果、臉書和亞馬遜（GAFA）[1]。我們接下來也會講到其中幾個巨頭。

跟渣甸一樣，這個組織的人也時常謀劃同中國開戰，因為他們認為這是生存下去的最佳方法，畢竟，如果沒有戰爭，五角大樓也就沒

---

1 GAFA 是谷歌（Google）、蘋果（Apple）、臉書（Facebook）和亞馬遜（Amazon）這四大互聯網巨頭的縮寫。——譯者注

有了存在的必要。[1]

　　幸運的是，時代變了。中國吸取了教訓。她不再是曾經裝備落後，只能等著束手就擒的國家了。她還懂得了那句古老的諺語："若要和平，先準備好戰爭。"[2] 隨後，中國的科技也開始趕超西方。如今的世界，只要稍微踏錯一步，我們的地球就面臨爆炸的風險，這就是所謂的恐怖平衡理論。

　　歷史上的渣甸經常利用虛假信息來達到自己的目的。五角大樓也深諳此道，他們如今在使用同樣的手段來追求同類目的。2020 年美國政客們的演講，同 1830 年的英國渣甸們的說辭，竟然出奇得一致，也同樣具有擾亂人心的效果。渣甸之前用來欺騙《泰晤士報》讀者的那些陳詞濫調，如今又出現在我們的各大媒體上。

　　可如今是 2022 年，對手已經不再是 1840 年那個對外界一無所知的國家了，曾經的中國是世界上第一個發明和使用火藥的國家，但在

1　根據 "政府監督項目"（POGO）的一項報告，在 2008 年到 2018 年期間，美國國防部至少有 380 名高官 —— 其中包括 25 名將軍、9 名上將、43 名中將和 23 名副將 —— 受僱於一些大型軍工企業，比如洛克希德·馬丁公司、通用動力公司、雷神公司和諾斯羅普·格魯曼公司。2020 年 9 月，亞馬遜公司宣佈招聘一位退休將基思·亞歷山大，他此前曾擔任美國國家安全局局長，2013 年被愛德華·約瑟夫·斯諾登揭露其竊聽全世界包括美國人在內的電話信息。2020 年 7 月，美國聯邦法院宣佈基思·亞歷山大於 2005 年至 2014 年擔任國家安全局局長期間竊聽全球電話信息的行為是非法的。由於竊聽醜聞暴露，這位前國家安全局局長不得不提前退休，但這種人從來不會退出舞台，他很快成立了一家諮詢公司（IronNet Cybersecurity），客戶是美國國防部和一些軍工企業。揭發者和被揭發者的結局是：斯諾登被迫逃亡俄羅斯尋求政治庇護，基思·亞歷山大卻成為亞馬遜董事會的成員！

2　法語諺語，原文是 "Si tu veux la paix, prépare la guerre"。—— 譯者注

之後很長的一段時間裏，她放棄了軍備競賽。今天的中國，已重新獲得了同自己的國家規模相匹配的地位，中國的經濟實力和科技水平均位列世界前列。

而如今，如同 1830 年不明就裏的英國人一樣，被愚弄的是西方大眾群體——包括你，也包括我。

西方針對中國的虛假政治宣傳如此之多，真相和我們看到的歪曲報道之間橫亙著一條深深的溝壑，本書要做的就是試著去填補它。

中國人如何思考問題？

1996 年，第一次有人向我提出這個問題。當時我們在談論香港回歸的話題，香港一直是英國的租借地，與中國政府談判《新界租約》續約問題受阻後，英國首相瑪格麗特·撒切爾（Margaret Thatcher）夫人 [1] 決定把全香港地區歸還中國。[2]

　　1983 年 7 月，撒切爾夫人提出 "以主權換治權" 的要求：香港的主權歸還給中國，但是英國擁有香港的治理權。令英國政府吃驚的是，面對撒切爾夫人的提議，當時由鄧小平 [3] 領導的中國政府並沒有給出預期的反應，而是拒絕了。倫敦方面表示很不理解。

　　在一些英國外交官看來，這是一場信奉共產主義的所有者和資本主義的承租人之間的紛爭，英國這麼做純粹是為了避免和中國產生衝突，畢竟撒切爾夫人一向以冷靜理智著稱，她曾經果斷地表示，殖民地已經不能再給英國本土帶來一分一毫的收益，相反，英國為維持在殖民地的統治耗費巨大。

1　瑪格麗特·撒切爾（Margaret H. Thatcher，1925—2013），1979—1990 年任英國首相。

2　1979 年，香港總督麥理浩（Crawford Murray MacLehose）主動與中國領導人鄧小平提出關於《新界租約》續約問題，以為香港的經濟發展為名，逼迫中國政府延續租約。對此，中方予以拒絕。1982 年 9 月，撒切爾夫人訪華，主要目的是要解決中英兩國關於香港方面的一些 "分歧"。中國時任領導人鄧小平明確向她表示 "如果英國執意阻撓中國收回香港的步伐，那我們也不得不重新考慮動用武力收回香港主權的道路"。會談結束後，撒切爾夫人在走出人民大會堂時意外地絆倒在台階上，由此可以看出她當時的震驚情緒。後來，在晚年的回憶錄中，她談到了當年緣何決定歸還香港："我們是在同一個不肯讓步並且在實力上又遠遠超過我們的大國打交道。"——譯者注

3　鄧小平（1904—1997），四川廣安人，早年赴歐洲勤工儉學，歸國後投入中國共產黨領導的爭取民族獨立和人民解放的革命鬥爭，1978 年 12 月成為中國的第二代領導核心，1990 年退休。

在葡萄牙方面，當時由馬里奧·蘇亞雷斯（Mário Alberto Nobre Lopes Soares）[1] 領導的進步政府也主動提出提前歸還澳門[2]，然而中國政府同樣表示拒絕。[3]

中國的反應讓人費解。這怎麼可能呢？中國政府一直宣稱台灣[4] 必須回到祖國的懷抱，但在香港和澳門問題上，他們似乎沒有表現出像收復台灣那樣的熱切。鄧小平和其他中國領導人到底在想什麼呢？

在歐洲，數百年以來，領土紛爭一直是所有戰爭的焦點，皇族之間試圖通過各種聯姻來避免戰爭，最終卻都歸於失敗。再往上追溯歷史，情形更是如此。甚至在文藝復興之後和大革命之後，對領土的癡迷仍舊構成所有紛爭的焦點。在路易十四、路易十五和拿破崙統治期間，甚至直至第二次世界大戰，很多城池都是幾易其主。例如，為了同奧地利王位繼承人聯姻，那不勒斯被贈予給了洛林家族。這只是千千萬萬事例中的一個。再說說法國的阿爾薩斯和洛林，這兩個地方的歷史也很好地解釋了歐洲人的主權觀念和金錢紛爭。所以對於一個

---

1 馬里奧·蘇亞雷斯（Mário Alberto Nobre Lopes Soares，1924—2017），1973 年創建社會黨。1976 年成為葡萄牙總理。1978 年，他所在黨派在選舉中失利。1983 年，他重新掌權，1985 年又被排擠下台。1986 年，他以 2% 的微弱優勢擊敗競爭對手，贏得總統選舉。五年後，他以絕對多數票獲得連任。1996 年，他徹底退出政治舞台。

2 早在 1976 年，葡萄牙代表曾向中方提出可以提前歸還澳門，以此表達善意與中國建交，但附加要求是澳門要以殖民地身份回歸。中國方面予以拒絕。——譯者注

3 《在香港生活》（塞爾日·貝爾蒂著，L'Archipel 出版社，2017 年版）。最新版本將於 2023 年出版，收錄了 2017—2020 年發生的事情。

4 書中原文用"福摩薩"一詞，該詞是葡萄牙語和拉丁語的直譯，意思是美麗的島嶼，是佔領者給予台灣地區有殖民意味的稱呼。——譯者注

中國人如何思考問題

有著數百萬人口的城市的主權不感興趣，這怎麼可能呢？中國人到底在想些什麼呢？

通過上述簡單的例子，我們可以得出一個結論：中國人的思維同瑪格麗特·撒切爾和馬里奧·蘇亞雷斯的都截然不同。很明顯，他們看待世界的方式與我們不同。他們從來不像我們這樣看待世界，以後也不會。

這裏我要明確一下本書中出現的"我們"這個概念。如果因為中國社會的文化、語言和思維方式而將"他們"看作一個整體，那麼我也同樣稱整個西方社會為"我們"。這裏的"我們"只是一個粗略的概念，因為西方社會其實是個大雜燴，它包含的兩種文化——歐洲文化和美國文化——其實也在漸行漸遠。對於新加坡人來說，"我們"指的是"高加索人"，20世紀80年代，我經常在他們的地圖上看到這種用法。

在法國，四十多年來，立法導致大家已經不再使用白種人這種稱謂。[1] 在很長一段時間裏，我們卻稱中國人為黃種人。此處我指的是歐洲的白種人文化（不包括俄羅斯，同中國有大片領土接壤的俄羅斯，在思維方式上與我們完全不同）和中國的黃種人文化。由此可見，我們的思維方式都是拿自己做參照物的，比如"我們的"戰爭、"我們的"十字軍東征、"我們的"殖民地、"我們的"前任和現任政治領導人，還有"我們的"民主，雖然並沒有人能夠真正說清楚這個

---

1 法國從憲法中去掉了"種族"一詞，禁止進行族群人口統計。——譯者注

民主到底是什麼。

在這種情況下，中國對提前收回香港和澳門的訴求並不強烈，他們對此沒有表現出濃厚的興趣，也不打算為了"提前"收回而作出重大讓步。中國覺得保持現狀對他們有好處。當時（20 世紀 80 年代）最重要的是，這兩個地方運轉良好，經濟欣欣向榮。從地理上講，維持現狀對香港和澳門有好處，對中央政府也有好處。改變現狀反而會帶來風險。所以當時中國方面的想法是"有必要提前收回嗎？"而對英國和葡萄牙來說，答案是"有必要"，然而這並不是因為他們關心當地居民的處境，而是跟前面我們講過的一樣，他們習慣於通過聯姻或主權等交易換取利益。他們只關心這個交易對誰有利，對英國的保守黨有利還是對中國的共產黨有利？其餘的事情，比如佔領地人民的命運將會如何，西方並沒有那麼關心。

鄧小平拒絕了撒切爾夫人的提議。他還有更重要的事情要做。當時香港和澳門兩座城市加起來人口也不過五六百萬，而中國政府更關注的是另外十多億的人民，這其中有八億人是貧困的農民。因此，對中國政府來說，把大量時間和精力投入到解決一個只要租約到期就會迎刃而解的問題，著實沒有那麼必要。這其實很好理解，但是英國人理解不了。

市面上有大量的書籍在剖析中國人的思維方式。可以用一句簡單的話來概括：中國人從來不會像歐洲人那般行事。所以我們一直在重複犯下一個錯誤，即將我們的思維方式強加於人，而時間也一再證明我們錯了。

所以英國外交部錯誤預判了鄧小平的反應，當然他們不是唯一犯下這種錯誤的。專家們寫下成千上萬的著作來告訴我們：1991 年末蘇聯解體之後，中國的政治體制也已經行不通了，以後必將傾塌。

三十年後，事實證明，多米諾骨牌理論在這裏失靈了，這是因為中國和蘇聯本來就不一樣。

在所有攻擊中國的視角中，有一些報告預見中國的銀行系統或將很快破產，然而這一天並沒有到來。要知道撰寫這些報告的專家們最擅長的是在已經發生過的股災和金融危機面前放馬後炮。其中沒有任何一個專家能夠預見到這個事實：在他們眼皮子底下，一家中國銀行已經不聲不響地佔據了世界銀行排行榜首位。[1]

我們還在繼續犯錯。在某種程度上，西方正在以最快的速度，把自己同世界上其他國家和地區隔絕開來。在這一點上，西方可從不願屈居第二。

我們的政治學家、記者和學者們每天都在電視和報紙中滔滔不絕，稱中國的政治體制如何有害，政府如何虐待人民，甚至將其監禁。

---

1 英國品牌評估機構品牌金融（Brand Finance）發佈的 "2021 全球銀行品牌價值 500 強排行榜"，中國工商銀行排名第一，2022 年中國工商銀行以 751.19 億美元的品牌價值蟬聯榜單第一名，參見：https://brandfinance.com/press-releases/brand-finance-banking-500-2021-sber-named-worlds-strongest-banking-brand, https://www.scribd.com/document/556202283/Brand-Finance-Banking-500-2022-Preview。——譯者注

《世界報》記者讓‧米歇爾‧貝扎特（Jean-Michel Bezat）[1] 在 2020 年 8 月 31 日的專欄中寫了一段話，可以用來總結許多人的觀點：

"幾個月以來，在中國的法國企業面臨的問題越來越多。整體形勢令人擔憂。2019 年 11 月到次年 1 月之間，中國一直在掩蓋新冠疫情，這造成了越來越多的不信任；同期，香港受到了教訓，台灣也面臨著威脅，中國在南海不斷地發出領土訴求，在新疆對維吾爾族少數民族進行了種族清洗。"

然而，這些其實都是我們西方人的臆想。

我們可以看到，香港近年的騷亂事件同中央政府毫不相干，所謂台灣面臨著威脅也是二十年來的老生常談，中國在南海的領土訴求，也並不比美國不請自來、想要介入中國海的願望更為強烈，而所謂的"種族清洗"，是歐洲歷史上曾發生過的事件，在中國這個多民族國家的語境裏，甚至都沒有這個詞彙。

對於前述"中國罪狀"，這名記者沒有提供任何證據，因為根本不存在。即使在經濟領域，這名記者也沒有找到什麼真實證據。從 2020 年 3 月開始，中國的經濟就重新實現了正增長。截至我寫作本章節的今天，中國的外貿也處於正增長，世界第一大港口上海的吞吐量更是剛剛打破了其 2020 年 7 月以來的最高紀錄。

很明顯的，歐洲和美國都避免談到的是：從 1980 年到 2022 年，

---

1 讓‧米歇爾‧貝扎特（Jean-Michel Bezat）於 1984 年開始其職業生涯，當時他是《醫生日報》的記者。1989 年他加入《回聲報》，1995 年成為《世界報》的記者，到 2020 年他仍舊在《世界報》工作。

不管中國走的是一條什麼道路，中國確實使一部分人富起來了，而這些富起來的人口數量超過了所有西方所謂民主國家的總人口數。

而這些所謂民主國家這些年來只幹了一件事：創造了分發俸祿的選舉機器。[1]

如今，用於反華的成套手段中又多了一個新工具：新冠疫情。中國每天都在遭受無端的抨擊。這成了特朗普總統最常談論的話題。而新總統拜登，這位政治上的老人（1973 年他就被選為議員了），2021 年上台之後對中國的論調與特朗普的並沒有根本區別。

"美國說，中國人在撒謊。我們國家死了這麼多人，他們怎麼可能才死那麼少的人？我們才是最好的國家。我們的醫療系統全球第一。所以他們肯定撒謊了！"經過西方媒體兩年來不遺餘力地狂轟濫炸，大多數西方人最後都相信了是中國在撒謊，雖然他們並沒有看到證據。

事實上，說到"中國人在想什麼？"這個問題，"他們撒謊"幾乎成了標準答案。總是會有一個"專家"站出來告訴大家，中國在很多問題上一直在撒謊，比如，脫貧、新疆、華為，還有這個國家的穆

1　法國在 15 年裏選舉了 150 個部長。

斯林群體的問題。當中國人解釋說這些針對他們的指控都是謊言[1]的時候，大家都開始冷笑。誰會去相信一個撒謊的人呢？日後，雖然有人揭露這些假消息都是被操控而產生的，但是西方的民眾對此知之甚少。

再說說所謂的"種族清洗"，《世界報》的記者讓·米歇爾·貝扎特在報道中所說的種族清洗，其實是西方人自己的臆想，記者在濫用這個詞語。要知道，維吾爾族人口增長速度其實比漢族還要快，至少肯定比法國人口增速快得多。然而，卻沒有一個西方記者對此感到不合邏輯。

總之，我們的媒體報道一直與伯納德·亨利·萊維（Bernard-Henri Lévy）[2]和一些政治小團體沆瀣一氣，而這些政治小團體向來喜歡拿謊言當戰術，他們從不關心真相到底如何。

像伯納德·亨利·萊維這樣謊話連篇的詐騙分子，在法國都有不少擁躉，他一直在法國各大媒體[3]高頻率地出現，擔任新聞評論嘉賓。法國媒體從來沒有提出過這樣一個簡單的問題：像法國這樣的謊

---

1 塞拉芬·博諾（Séraphin Bonnot，應該是化名），是漫畫雜誌《草原的回聲》（Echo des Savanes）的社論撰稿人，提出了下面的問題："為什 人們總是要妖魔化對手？""妖魔化對手，"他寫道，"其實是一種對自我的譴責。所謂思想正統的人（我希望你們都不是）都自我感覺良好，以為自己認為的都是對的，其他任何同自己想法不一致的人都是可怕的傻瓜。這不是強者思維，正相反，這其實是一種弱者思維，這種思維狹隘、獨裁、排外又單一。不承認別人可以有另外的想法，又無力跟別人抗爭。"詳見《草原的回聲》第342 期。

2 伯納德·亨利·萊維（Bernard-Henri Lévy），生於 1948 年，法國媒體人。

3 可以讀一讀調查記者傑德·林德加德（Jade Lindgaard）在 2012 年發表的文章《伯納德·亨利·萊維體系，毫無思想的 哲學將給世界帶來戰爭》。

言政治在中國行得通嗎？

現在讓我們誠實地來回答這個問題，答案當然是否定的。理由很簡單——大數定律[1]，在涉及任何有關中國的課題時，我們都不要忘記得從這個角度出發去考慮問題。

我們拿疫情對法國的影響來舉例，並把這個例子套用在中國身上試試看。在法國，尼古拉·薩科齊（Nicolas Sarkozy）[2]、弗朗索瓦·奧朗德（François Gérard Georges Nicolas Hollande）[3] 和埃馬紐埃爾·馬克龍（Emmanuel Macron）[4] 三任總統相繼削減預算，一味追求經濟利益，嚴重破壞和削弱了法國的醫療體系，全國的病患數量只要增加 2%，醫療系統就會不堪重負。這種完全缺乏彈性的體系引發了巨大的經濟災難，國內生產總值陡降 20%。

更令人吃驚的是，個人自由也消失了，而我們一直相信我們的自由是最有保障的、是不可侵犯的，法國也一直標榜本國在保護個人自由方面做得最好，甚至沒有任何其他國家可以與之媲美。而我們遭遇的慘敗使得我們對中國政治體制的所有批評都顯得蒼白無力，我們一直批評中國政府剝奪人民言論自由的做法也令人反感。

---

1 數學好的人可以讀一讀丹尼爾·杜格（Daniel Dugué）的《基礎數學、概率數學和應用數學詞典》，阿爾賓米歇爾出版社（Albin Michel），巴黎，1998 年中的 "概率計算" 部分。

2 尼古拉·薩科齊（Nicolas Sarkozy），生於 1955 年，2007—2012 年任法國總統。

3 弗朗索瓦·奧朗德（François Gérard Georges Nicolas Hollande），生於 1954 年，2012—2017 年任法國總統。

4 埃馬紐埃爾·馬克龍（Emmanuel Macron），生於 1977 年，2017 年 5 月 14 日當選法國總統，2022 年 4 月 24 日成功連任法國總統。

所以，一個撒謊的政府，一個掩耳盜鈴的政府（法國一直拒絕進行族群人口統計），一個在公共衛生服務方面做到如此糟糕程度的政府，放在中國是完全不適合的，因為中國的體量擺在那裏。稍加思索就會知道，法國只有七千萬人口，可這麼一個錯誤就讓我們陷入了不可收拾的境地，中國的人口數量可是我們的二十倍之多，那麼造成的損失也要乘以二十倍。因此這是絕對不合適的，也犯不起這個錯誤，否則可能引發全球經濟的癱瘓。

中國領導人的頭頂上一直懸掛著一把達摩克利斯之劍。這使得他們一直覺得自己身負重任，而西方領導人已經很久沒有這種責任心了。

中國歷史上並沒有出現過因為瘟疫導致其 30% 的人口死亡的情況，而歐洲有過兩次這種慘痛經歷，第一次是查士丁尼大瘟疫（541—767 年），隨後是 1347 年源於克里米亞地區的黑死病，造成了 7500 萬歐洲人口死亡。這值得我們深思和保持謙卑。

1850 年之前，中華帝國從來沒有遭遇過類似歐洲黑死病那般的特大瘟疫，一般都是一些散發性和區域性的疫情，多發生在邊境附近（比如雲南、湄公河盆地，或者南方的廣東省）。1840 年以前，這個國家從來沒有因為瘟疫而導致全國範圍內的餓殍遍野。（需要指出的是，導致中國出現饑荒的主要原因向來都是戰爭，1840 年之後，中國遭受了漫長的外敵入侵和戰爭歲月）。

1840 年的鴉片戰爭 [1] 是中國經歷的第一次商業貿易引發的戰

---

1 想了解更多內容，請閱讀作者的另一本著作：《衝擊：中國前行（16—19 世紀）》（Méttis 出版社，2014 年）。

爭，它摧毀了四億人構成的社會的平衡，隨後中國人用了一個世紀才緩過來。這是一段印刻在中國人內心深處的經歷。

治理中國人同治理法國人是不同的。在體量上這相當於治理一個 XXXL 號的國家。歐洲沒有任何一個國家有中國這麼悠久的歷史。世界上也沒有任何一個國家有這種治理經驗，我們只需要看看美國現在治理的混亂程度，就會明白治理一個人口眾多、民族多樣的國家有多麼困難了。

要知道 1949 年毛澤東[1] 帶領中國人民建立中華人民共和國的時候，這個國家的人口依然是四億，與 1840 年的持平。如果我們僅僅按照最低的人口自然增長率來計算，那麼 1840 年至 1940 年間，針對這個主權國家的侵略戰爭至少令一億中國人失去了生命。

理解這些能夠讓我們正確看待對中國 "1958 — 1962 年大饑荒" 的批評，當然，發出這些批評聲音的還是同一群人。一個美國作者馮客（Frank Dikotter）[2]，2011 年因為寫了一本相關的著作而獲得

1　毛澤東（1893 — 1976），湖南湘潭人，無產階級革命家、戰略家、理論家，1949 — 1976 年擔任中華人民共和國最高領導人。

2　馮客（Frank Dikotter），荷蘭人，種族主義作家。1992 年發表成名作《近代中國之種族觀念》，隨後發表了其他富有爭議的作品，如《性、文化與現代化：民國時期的醫學與性控制》（1995 年）、《中國的優生學》（1998 年）、《近代中國的犯罪、懲罰與監獄》（2002 年）、《毒品文化 —— 中國的毒品史》（2004 年）、《中國的現代目標和日常生活》（2007 年）、《開放的時代：毛澤東之前的中國》（2008 年），以及 1958 — 1962 中國饑荒方面的作品。但其作品隻字未提在大饑荒時代，中國正遭受著美國的經濟制裁。中國政府預料到了未來幾年可能會有糧食歉收的情況，因此跟國外訂購了大批稻米和麵粉，但由於美國的禁運，所有物資都進入不了中國，這加劇了中國的饑荒狀況。卡斯特羅時期，美國對古巴使用了同樣的手段，距離我們時間最近的是委內瑞拉和阿富汗的例子，兩國的財政均被美國非法凍結。

了"塞繆爾·約翰遜"非虛構類文學獎。這個獎項由英國廣播公司頒發——鑒於英美兩國的親密關係，這個獎項的客觀性值得商榷。要知道，英國廣播公司管治機構 BBC 信託的主席可是彭定康，這位英屬香港最後一任總督是反華急先鋒，卸任後還被冊封為英國終身貴族。

馮客原本是荷蘭人，生於 1961 年，1992—2013 年間，他因為不斷撰文抨擊中國而聲名鵲起。中國這場不可避免的大饑荒造成了數百萬人死亡，而饑荒發生的三年前，中國軍隊剛剛在朝鮮戰場戰勝了美國，粉碎了後者試圖分裂朝鮮半島的企圖。我們可以說，大饑荒是失敗後侵略者再次發動的第二場戰爭，這就跟越南的情況一樣，美國在越南輸掉戰爭後，越南遭受了長期的禁運和饑荒。

從個人角度來說，很難定義什麼是全球性的重大事件。但是中國的內戰確實是致命的，大部分的革命家庭在戰爭中失去了親人，他們或是丈夫，或是妻子，有時候甚至是雙方都犧牲掉（中國前總理李鵬就是個孤兒，他的雙親是革命英雄，雙雙在戰爭中犧牲），數不清的孩子也提早離開了人世。[1]

最終，儘管由於各種原因，造成了這些難以計數的人類損失，到

---

1 更不用說被日本人殺害的數不清的中國平民了，日本人從 1937 年開始轟炸中國各大城市，美國緊隨其後，一直到 1945 年戰爭結束。南京大屠殺都記錄在案。六個星期內，有 20 萬到 30 萬平民被日本人殺害。中國內戰從 1927 年持續到 1949 年，持續時間長達 22 年，而僅在 1945—1949 年的五年間，就有超過 700 萬人因戰亂死亡，這都是有據可查的。

1980 年鄧小平[1] 執政時期，中國人口還是超過了十億人。可以說，儘管時局動盪，鄧小平執政時期的中國人口數量比毛澤東時代增加了整整六億人，國家治理者需要負責養活這麼多人口，並且提高他們的生活水平。

1997 年，我有幸見到鄧小平的繼任者 —— 江澤民主席[2]，我問他，如何治理一個像中國這樣歷史悠久又體量巨大的國家。

—— "這很簡單，"他告訴我，"我只管理那些影響十億人的人。在我下面，還有其他的負責人。"

—— "但是十億真是個龐大的數字啊。"

—— "並不是這樣。你換個角度看這個問題。我們（當時）有十億人，如果運轉不良，理論上我有一百個問題需要處理。但是我想說的是，對於主席這個位置來說，只需要關心一個最重要的問題，那就是關係國計民生的大事。在下面，還有省長去負責，省長下面還有市長，等等……如果每個人都能各司其職，履行好自己的責任，那麼就不需要中央來解決問題。"

—— "那麼您如何看待您的角色呢？"

—— "我處在山巔。我的責任不是往腳下看，而是往遠處看。我需要看清楚世界的全貌，為未來做好準備。我的責任不是去修剪草

---

1 1929 年經濟危機導致美國陷入大蕭條，美國人口出現了下降趨勢。

2 江澤民（1926—2022），江蘇省揚州市人，1993—2003 年擔任中華人民共和國主席。

坪，而是思考這塊草坪是否漂亮，是否和諧。"[1]

再看看法國，馬克龍總統的治國理念還差得遠呢！中國領導層已經看到很久遠的未來，而我們法國只看到眼前的 2022 年，因為這是總統的任職期限。[2]

這個例子說明了一個重要事實。對所有中國人，包括江澤民來說，時間和空間是影響思維方式的兩個關鍵維度。而我們西方的精英們已經很久沒有這種認知和覺悟了。

因此，治理是一段時間內的協同努力，而不是為了贏得選舉而進行的單打獨鬥。

2020 年，中國的中產階級人數已達 7 億人，[3] 他們的訴求同法國的中產階級 [4] 一樣。他們的家庭環境今後將會有很大的不同。

我們擁有的所有工具，他們都不缺。十幾年來，他們的手機網絡和互聯網發展迅速，已經超越了法國電信運營商 Orange 能夠提供的服務。這種差距還在繼續擴大。中國已經成為世界上每年科技創新最

---

1 1997 年本書作者採訪江澤民的英文全文發表在《亞洲事務》網站，http://www.asian-affaires.com/China/jiang.html。

2 作者寫作本書時，法國尚未舉行 2022 年總統選舉。當地時間 2022 年 4 月 24 日 20 時，法國總統大選第二輪投票結束，馬克龍贏得選舉勝利，成功連任。—— 譯者注

3 歐睿信息諮詢公司研究預測數據。—— 譯者注

4 2021 年，中國的手機用戶數量超過 10 億人。這是世界上最大的手機消費市場。2020 年數據顯示，中國人有 16 億張 SIM 卡在使用。這遠遠超過了我們的國家。中國移動是世界上最大的手機運營服務公司。

多的國家。[1]

　　省長、市長、各級黨委書記、公共服務部門負責人，簡言之，中國這些眾多的政府機構成員，與法國那些畢業於國立行政學院的所謂精英們不同。在中國，如果一個公務員瀆職或者犯錯了，沒有人能夠包庇他，[2] 對那些犯了嚴重腐敗罪行的官員，最嚴重的會被判處死刑，雖然通常會被減刑為無期徒刑。

　　法國離任的官員可以去公司擔任職務，比如法國國營鐵路公司和法國郵政，這種現象在中國是不可能出現的。像前預算部部長傑羅姆·卡於扎克（Jerome Cahuzac）[3] 犯下的那種腐敗案，換在中國可能就被槍斃了。中國有不少省部級官員都因犯罪而被判刑，這是一種警示作用。中國的高官還有一個特點，他們最初的職業都與政治無關。

1　關於這個話題，請閱讀吉安·卡洛·德爾加多·拉莫斯（Gian Carlo Delgado Ramos）的文章，http://www.asian-affaires.com/giancarlodelgado.html。

2　洛朗·法比尤斯（Laurent Fabius）生於1946年，法國前總理，他內閣的衛生部部長喬治娜·杜福瓦說過一句有名的言論，"我是負責人，但不是罪人"，指的是造成很多人死亡的"血漿污染"事件（艾滋病人的血液進入血庫）。洛朗·法比尤斯被法院推定為無罪。他是負責人，被宣判為無罪。這種滑稽事件在中國是不可能發生的，換在中國，洛朗·法比尤斯不可能搖身一變成為憲法委員會主席，甚至可能他的政治生涯就結束了，可能他會被調任一個偏遠省份擔任某協會的主席，或者一旦他被證明確實犯了瀆職罪就會面臨牢獄之災。需要指出的是，中國並沒有設立特殊的法院來審判部長和領導人，但是法國在1993年設立了共和國法院（CJR）來保護其政治精英們。

3　傑羅姆·卡於扎克（Jerome Cahuzac）生於1952年，法國前經濟、財政與預算部長，2010年2月至2021年6月擔任法國國民議會財政、宏觀經濟和預算監控委員會主席，2013年因稅務欺詐而被起訴。2018年，他被判處兩年監禁，緩期兩年執行，還被罰款30萬歐元，外加5年內不許參加選舉。他被批准佩戴電子鐐銬服刑。2020年，他恢復自由。他在醜聞纏身的時候，還身居部長要職，這在中國是不可能發生的。他的律師是埃里克·迪蓬一莫雷蒂，2020年出任法國司法部長。這種混亂的關係在中國也是不可能出現的。

　　　　　　　　　　　　　　　　　　　　　　　　　　　　　　被西方誤讀的中國

江澤民最初是一家工廠的工程師，而前總理李鵬[1]也曾是工程師。這是一種司空見慣的現象。[2]

中國現任主席習近平也不例外。他學的專業是化學。

這就是為什麼我們的記者、政客、部長和專家都很難預料中國政治家的反應，因為他們與我們熟悉的經常打交道的那些人完全不同。

中國公務員的才幹從來都不會被用在如何贏得公共演講上，他們的追求是如何努力地從同伴中脫穎而出，從而實現在黨內逐級升職。如今中國有九千多萬名黨員，但這個組織並不是誰想加入都可以的。[3]那些想成為黨員的人，必須工作十分出色，同時極具責任感。在中國，不會有官員願意脫離人民群眾，或者願意被"群眾深惡痛絕"。這可能就是他們和我們的真正區別。

新冠疫情暴發之後，西方媒體開始大肆報道武漢市管理的混亂不

1　李鵬（1928－2019），於1987－1998年擔任中國總理。他是一位非常出色的總理，任職期間中國經濟得到了創紀錄的飛速發展。他最大的功績是作為總設計師建造了三峽大壩，這個可以同大運河相匹敵的浩大工程改變了長江上游超過7000萬人的生活。三峽大壩長達2300多米，由大壩和發電機組組成，發電量高達2250萬千瓦（相當於二十幾個核電站的發電量）。該大壩於2012年完工，曾經是電力工程師的李鵬總理於2019年去世，他見證了這一偉大工程的落成。

2　儘管中國有一所黨校，但學員們基本上是職業生涯過半的時候進去學習的，主要是為了學習政府的運作與公務管理。所有學員都是已經在各個省份擔任不同級別職務的官員。中國沒有像法國立行政學院那樣的專門培養行政官員的大學。

3　2014年，海南省（位於中國南部，中國旅遊勝地，相當於美國的夏威夷）副省長譚力被海南省人大常委會免職。2014年7月，中共反腐機構 —— 中共中央紀檢委宣佈譚力因為"嚴重違法違紀行為"被調查。譚力從政27年，2004年擔任四川綿陽市委書記，2010年升任海南省副省長。法院判處譚力為主犯（生於1955年），其下屬冀文林為從犯（生於1966年）。2014年，譚力被判處終身監禁，冀文林被判處有期徒刑12年。

堪，雖然這個城市之前向來運行良好。媒體的批評也沒有什麼錯，不久後，武漢市長和兩個副市長被撤職。在法國，不會出現行政官員被撤職的情況，即使是造成 2019 年和 2020 年巴黎醫療系統騷亂的責任人，也沒有被問責；時任衛生部部長同樣沒有被問責，如今甚至下海去了瑞士日內瓦的跨國公司任職；在本應增加公立醫院床位的情況下，卻下令減少床位的負責人們，同樣沒有被問責（公立醫院床位減少了差不多 17000 個，數據不是很精確）。

事實上，近年來，我們的記者已經放棄了不偏不倚追求真相的熱情了（這種現象還會繼續下去）。疫情肆虐下法國總理的辭職沒有改變什麼。如果總理的辭職什麼都沒有改變，說明他在任時候也沒起到什麼作用。

歐洲的實力在土崩瓦解，大家心裏都很清楚，很少有人能夠治理好歐洲，因為政治精英們的眼界都越不過選舉這檔子事。今天，我們在人為製造的能源危機中跟蹌前行，德國關閉了清潔無污染的核電工廠，儘管這個工廠產生的電力足以幫助德國擺脫對國際市場的依賴，實現能源自主。稍微有點腦子的人都清楚，關閉工廠從長期來看絕對是件蠢事。但是沒有一個政客站出來討論這件事情背後的問題，因為任何的能源計劃都沒有下次的選舉要緊。

相形之下，中國就顯得讓人感到不適了，很明顯，[1] 他們的做法跟我們的完全相反。他們目光長遠，理性得甚至有些無趣。

話題再回到這場世紀疫情上。讓我們看一下 2020 年 2 月份法國發生了什麼，再看看中國中央政府面對疫情的反應，對比非常明顯！

中國的疫情要從 2019 年 12 月 27 日說起。這一天，湖北省中西醫結合醫院 [2] 呼吸與重症醫學科主任張繼先 [3] 女士診斷了三個肺炎病人，她發現這三個人的病理學特徵與她之前見過的都不一樣。

而事實上，你知道湖北省中西醫結合醫院是個什麼醫院嗎？是與國立行政學院畢業的精英馬丁·赫希（Martin Hirsch）[4] 領導的巴黎頂尖醫院一樣厲害的地方嗎？其實張女士工作的這家醫院只是個中型醫院，每年僅能接診 60 萬名患者，而武漢最大的醫院一年可以接診 223 萬名患者（2019 年的數據）。請你們好好記住這個數字 —— 200多萬。但這在中國也不算最大的醫院，這只是湖北最大的醫院，湖北

1　英語媒體不止一次地指控，"由於中國共產黨和中國領導人的無能，導致了此次疫情防控的混亂"。兩年後，英國這個所謂民主國家，才發現本國醫療系統過載，死亡人數大大超過中國（2022 年 1 月 14 日，死亡人數為 151342 人），而當時中國死於新冠病毒人數為4636 人。

2　湖北中西醫結合醫院，http://en.rmhospital.com/about.html。

3　2019 年 12 月 27 日，張繼先最早發現新型冠狀病毒疫情苗頭，並和院方一起堅持上報，為湖北 "疫情上報第一人"。2020 年 2 月 4 日，湖北省人力資源和社會保障廳、省衛生健康委員會決定給予張繼先同志記大功獎勵。10 月 23 日，被中央文明辦、國家衛生健康委員會評為 "中國好醫生、中國好護士" 抗疫特別人物。—— 譯者注

4　馬丁·赫希（Martin Hirsch）生於 1963 年。從 2013 年起擔任巴黎公立醫院集團（AP-HP）管理局局長。大學專業為神經生物學研究。1988 年，他進入國立行政學院學習。1997年，他從貝爾納·庫什內（法國前外交和歐洲事務部部長）的辦公室主任崗位調任衛生部秘書處負責人。2015 年，他被任命為歐洲藥品管理局局長。

省面積 18 萬平方公里，人口 5830 萬 [1]（法國本土有 6490 萬人口）。

靠著 4000 張床位，這個省級醫院在 2019 年接診了 12 萬名患者。有超過 6 萬名患者被推進醫院的手術區，也就是說，每天這裏要進行 164 台手術！

中國最大的醫院不是在首都北京，而是位於鄭州。[2] 該醫院擁有 7000 張床位。每年可以接診患者 450 萬人次。那麼鄭州在哪裏呢？它是中國一個省 —— 河南省的省會。鄭州市的人口數量同武漢市的差不多，同為一千多萬人。[3]

僅從公共衛生服務領域就能看出中法兩國的基本不同了，在法國一切都是圍繞著巴黎轉。這已經是個古老的習慣了。就像在路易十四時代，一切以凡爾賽為中心。到今天還是如此，只不過中心從凡爾賽宮變成了巴黎第八區的聖奧諾雷路 55 號。[4]

對法國的高官來說，在這次疫情中，法國最好的醫院和專家都在巴黎公立醫院集團。[5] 這是法國醫療體系分佈的一個很大問題，至今我們還在為此付出代價。

---

1 2021 年湖北省人口數據。—— 譯者注

2 即鄭州大學第一附屬醫院，參見：http://www.weekinchina.com/2015/07/the-world's-biggest-hospital/。

3 2021 年鄭州市人口數量為 1274.2 萬人，武漢市人口數量為 1364.9 萬人。—— 譯者注

4 即法國總統府愛麗舍宮。—— 譯者注

5 公共援助 —— 巴黎公立醫院集團（簡稱 "AP-HP"）是一家核心公共醫療機構，服務於巴黎和巴黎大區，擁有 100000 名醫護人員，其中 20000 名是護工。巴黎大區人口有 1200 萬。中國至少有 8 個比巴黎大區更大的省份。

被西方誤讀的中國

巴黎公立醫院集團位於巴黎的核心地帶，由 38 家醫院組成（共22000 張床位），其中最大的是皮蒂薩伯醫院（Pitié-Salpêtrière）。近些年來，這家醫院糟糕的管理不斷被人詬病，但是根本沒有什麼改觀，而且每況愈下，畢竟對於醫院的領導者來說，什麼都不及自己用來展示成就的幻燈片更重要。

最終，用不著細究，巴黎公立醫院集團的接診能力便已被中國的一家省級醫院（鄭州大學第一附屬醫院）超過了。

讀者已經注意到了，我一直在談中國地方省份的醫療系統，沒有提到首都，也沒有提及上海和廣州等大城市。其實這些中國大城市裏也有像巴黎公立醫院集團這樣的組織，即一個集中管理的體系（理論上是這樣），通常由十幾家醫院組成，每家醫院都有差不多 2000 個床位。

我們的專家經常避而不談的是，儘管北京是中國的首都，但卻沒有 "北京主義"。北京是中國的核心，但如果要做出一個決定，不會像在法國這樣，是由巴黎的左派或者右派來決定的。

再回到疫情發展時間表，看看我們是怎麼說的。如果我們堅持說中國在撒謊，那麼他們什麼時候撒謊了，為什麼要撒謊？[1]

張繼先迅速地把自己的發現報告給了她的上級領導，消息很快被送達相關部門。此外，中國還有一個機構，叫作疾病預防和控制中心（疾控中心），中央賦予這個組織監測和評估重大傳染病風險的職責，

1　如果這個新病毒是在美國首先被發現的，我們可能就不會提出這樣的問題。

這對有著十四億人口的中國來說極為重要。法國媒體似乎不知道有這個機構存在，其實中美之間在這個機構框架下展開合作。

張繼先是在前一個星期五發現的病毒，至星期二（2019 年 12 月 31 日），中國國家衛健委委派專家組抵達武漢指導疫情處置。這大概就相當於在法國，新年前夕，某個星期五上午，遠離巴黎（甚至距離相當於安的列斯群島那麼遠）的一所外省的醫院發現了不知名病毒。我們的衛生部會在下一個星期二上午馬上派遣一支醫療隊前去了解情況嗎？當然不會，這個時候肯定每個人都會找理由拒絕。

就在同一天，中國政府向世界衛生組織報告了這一情況。當然，法國政府肯定也收到了通知，但是就像我在前面假設的那樣，有人當回事嗎？顯然沒有。

2020 年 1 月 4 日，星期六，美國疾控中心中國區負責人把情況報告給了美國總部。1 月 7 日，中國科研人員從三個確診病例樣本中分離出新型冠狀病毒，並檢測出病毒全基因組序列，隨後將其共享到網絡上。其他所有國家的實驗室都可以使用，這是前所未有的。僅僅用了十幾天時間，就分離出一個新病毒的基因組序列，這也是以前所未聞的。

1 月 11 日，還是一個星期六，中國疾控中心宣佈該病毒傳染性極強。1 月 20 日，世界衛生組織專家考察組前往武漢。1 月 23 日，中央宣佈封鎖武漢市和湖北省，並且公佈了醫院的新冠病毒感染者數量 —— 259 人。隨後開始了每日一公佈的數據統計：457，688，……，1770，1459，1737，1982，然後到了 2 月 1 日，感染者達到了 2012 人。

而此時，整個歐洲還在沉睡。馬克龍和他的政府儘管早就收到了消息，卻沒有作出任何反應。他們每天關心的事情，還是巴黎市長的選舉，格里沃（Benjamin Griveaux）[1] 的醜聞，這位候選人為了參加巴黎市長選舉而辭去了衛生部部長職位，等等……在美國，情況也沒有好多少，除了特朗普做了個大動作，變相地將中國從世界地圖中剔除——他阻斷了中美兩國人員互通。

要分析新冠疫情造成的危機可能需要專門寫一本書，但是要討論中國人的思維方式能繞開這個話題嗎？我認為不能。

冠狀病毒族系裏有一種來源不明的病毒突然出現（儘管科學家們表示這不可避免），就在這樣一件不可預料的事情上，西方卻言之鑿鑿地譴責中國扮演了陰險的角色，我們為什麼從來不這麼看待韓國人、日本人、印度尼西亞人、新加坡人，還有泰國人呢？

中國撒謊了嗎？如果答案是肯定的，那為什麼要撒謊？如果答案是否定的，我們為什麼會覺得他們撒謊？為什麼我們會相信他們撒謊？

我們能夠說出很多理由來證明中國在撒謊，雖然這些理由都不那麼客觀。我們傾向於相信美國國防部和他們的專家，這些人還曾言之

1　本傑明・格里沃（Benjamin Griveaux）是馬克龍總統的發言人，有人將這位候選人的一段不雅視頻發給一名記者，阻止其參加巴黎市長選舉。這個醜聞令安妮・伊達爾戈成功連任巴黎市長。詳見：http://www.francetvinfo.fr/societe/affaire/affaire-griveaux-la-chronologie-d-un-scandale_3830417.html。

鑿鑿地聲稱薩達姆 · 侯賽因（Saddam Hussein）擁有大規模殺傷性武器，但是事實證明他們說謊了。

　　媒體報道充斥著大量的所謂證據，指控中國人在說謊，而這些證據其實都來自造謠和鼓吹者們豐富的想像力。所有的證據中，在我看來，有一個從初始時便是站不住腳的，即鼓吹病毒是從法國賣給中國的一個實驗室中意外傳播出來的。世界衛生組織的報告結論已經很清楚了：新冠病毒 "極有可能" 由某種動物作為中間傳播者傳染給了人類，"實驗室泄露說" 是 "極其不可能的"。美國呢，則想方設法地讓大家很快忘記了這個結論。[1]

　　自疫情之初從未有人提過的一種假設，即病毒會通過冷凍肉製品或者冷凍食品包裝傳播，如今卻被證實了。我們竟然都成了垃圾食品物流的犧牲品！這個假設有意思了。

1　2021 年 3 月 31 日，美國和英國、以色列、加拿大、日本和澳大利亞等幾個盟友質疑世界衛生組織關於新型冠狀病毒起源的報告。中國方面回應說要擴大對全球 P4 實驗室的調查範圍，目前還有很多實驗室拒絕接受調查。
　　爭論並沒有結束，這讓大家不禁想到美國國防部之前就對國際專家組的報告指手畫腳 。首先是一批專家前往伊拉克調查薩達姆是否擁有大規模殺傷性武器，據聯合國調查團的報告結論：在該國沒有發現 "大規模殺傷性武器"。即便如此，2001 年至 2005 年擔任美國國務卿的科林 · 盧瑟 · 鮑威爾（Colin Luther Powell）在安理會堅持宣稱聯合國專家組搞錯了，因為美國知道殺傷性武器的隱匿地點。美國入侵伊拉克之後，真相大白，聯合國專家組並沒有搞錯，他們正確地履行了自己的職責。
　　還有一次，美國聲稱敘利亞政府軍使用化學武器，對此國際組織專家組進行了獨立調查，調查報告結果也受到美國的攻擊。兩位專家揭露，關於敘利亞政府軍在杜馬鎮使用化學武器的指控是有人在惡意操控。兩名專家認為，使用化學武器的並不是敘利亞政府軍，而是一個反阿薩德（敘利亞政府領導人）的恐怖組織，該組織事實上由英國資助。
　　更多信息請見：http://thegrayzone.com/2020/03/12/opcw-whistleblower-mistreatment-douma-investigators/。

更有意思的是，這個 P4 實驗室 [1] 其實一直都存在，但是沒人去關注，當法國公司將其賣出去的時候，沒有任何媒體加以報道。而幾年之後，世界上所有的實驗室都開始關注這個致命病毒的時候，大家卻忽然開始關注起武漢的這個實驗室了。

　　這更令我確信人造病毒一說只是煙幕彈，其實在一開始我們就知道"一號病人"絕對不可能是從武漢傳出來的。我們還沒有找到真正的一號病人。也許當讀者讀到我這本書的時候，我們已經找到了，但我對此深表懷疑，因為我們不斷地製造證據，令整個事件越發撲朔迷離，卻怎麼也不肯相信，這場疫情可能就是源於某個路人偶然的感染。

　　在對美國 2019 年的一例肺炎患者的死因進行調查後，美國疾控中心負責人向國會眾議院承認，在 2019 年 10 月 1 日至 2020 年 2 月中旬去世的 13775 名病例中，很多人死亡原因不明。[2] 現在看來，很可能是因為感染了新冠病毒導致死亡，這證明在武漢的第一例新冠肺炎患者死亡之前，病毒可能早已經在美國傳播開來了。

　　2020 年 4 月 22 日，加利福尼亞州 [3] 聖克拉拉縣公共衛生部門宣佈，一名從未離開過美國的年長女性患者因感染新冠肺炎病毒於

1　全球有 60 個 P4 實驗室（研究致死率四級的病原體）。這些實驗室分佈在 23 個國家：歐洲有 25 個，其中 3 個位於法國；亞洲總共有 13 個，包括武漢實驗室在內；美國有 14 個。

2　美國疾控中心時任主任羅伯特・雷德菲爾德（Robert Redfield）在 2020 年 3 月 11 日出席國會眾議院聽證會時，在議員追問下承認，美國可能存在因感染新冠病毒死亡卻被誤認為是感染流感死亡的病例。——譯者注。

3　《洛杉磯專欄》，2020 年 4 月 44 日。

2020 年 2 月 6 日去世。武漢官方認定的第一例死亡病例是一名 61 歲的男性,死亡時間是 2020 年 1 月 11 日。很顯然,美國的病毒並不是從武漢傳播過去的。紐約市市長很快表示"病毒來自歐洲",理由也很滑稽——因為看起來像來自歐洲。

法國的第一例新冠病毒感染者出現在科爾馬,[1] 時間是 2019 年 11 月。這個時候,張繼先醫生還沒有遇到過任何這種感染病例。我寫作本書的時候,每天都有大量的證據出現,證明早在 2019 年病毒就已經在遠離中國和武漢的很多地方傳播了。

我對零號病人來自武漢的說法始終持懷疑態度,還有一個原因,那就是變異毒株 A2a 的出現。法國巴斯德研究所的一名研究人員指出,從法國患者和美國患者身上分離出的病毒基因組[2]與武漢患者的截然不同。牛津大學研究了 55 個不同國家的 3636 名病人,發

---

1 2020 年 5 月 7 日,位於法國上萊茵省科爾馬市的阿爾貝·施韋澤醫院醫學影像部門負責人向法國新聞網透露,通過進一步檢查,該院在 2019 年 12 月 2 日收治的一名男性患者確診為新冠肺炎病例。這一消息將法國新冠肺炎患者首例出現的時間再次前推。該醫院醫學影像部的醫生花了"十幾天時間"重新研究了 2019 年 11 月 1 日至 2020 年 4 月 30 日以來拍攝的大量胸片底片,發現"338 張胸部影像符合新冠病毒感染病例的特點"。醫院隨後將這些數據和回溯性檢測進行"比對",以便確定疑似患者是否感染新冠病毒。
2019 年 11 月,巴羅塞那公共衛生服務部門宣佈,其下水道廢水樣本中檢測出新冠病毒。美國加利福尼亞州也從廢水中檢測出新冠病毒基因。加利福尼亞大學洛杉磯分校在分析了大量的材料之後,得出結論:2019 年 12 月,美國西海岸已經有新冠病毒存在。越深挖,情況越複雜。武漢是疫情中心的可能性非常小。

2 中國科學家很快破解了 SARS-Cov-2 病毒的基因組序列。這是一種由包含 15 種基因的近 30000 個 RNA 鹼基組成的核糖核酸分子,其中 S 基因是病毒表面附著的一種蛋白質(可以對比一下,人類基因組含有約 30 億個 DNA(脫氧核糖核酸)鹼基對,包含將近 30000 種基因)。

現其中 1854 人（佔比 51%）攜帶的病毒都是 A2a，而不是來自中國的病毒。這意味著什麼呢？說明歐美的患者都不是被中國人感染的。如今，我們又遭遇了奧密克戎變種病毒，武漢發現的新冠病毒也基本消失了。

我們不能用謊言來結束爭論。

政治上撒謊是歐洲和美國慣用的手法。妖魔化對手，指控對手為撒謊精，這是我們歷史上司空見慣的政治戰術，這種手段起源於我們的文化。

而在中國沒有任何此類文化的痕跡，即使他們的政治團體也沒有借鑒我們的這種做法，因此在中國情況是完全不同的。由於面積遼闊，人口眾多，中國是必須遵守大數定律的國家。[1] 因此，謊言在這裏不是一個明智的戰略，因為撒謊必將或多或少地帶來長期的不良後果，也必將帶來混亂，這在我們的國家裏已經證明了這一點。

中國人一向厭惡無序的社會狀態，他們對穩定情有獨鍾。然而，2020 年 2 月、3 月和 4 月，法國小範圍內卻因為政客的謊言一再陷入混亂。一年後，馬克龍總統仍舊不知道如何結束混亂狀態，也不知道該把罪責強加到誰的頭上。而這種情形在中國是不會發生的。

如今，在疫情防控方面，中國（武漢）把法國很多地區都遠遠地甩在了後面。

拿法國 2019 年發生的混亂程度乘以幾倍倍數，同時把混亂導致

---

1 大數定律證明了自然平衡的存在。在隨機事件的大量重複出現中，往往呈現出幾乎必然的規律，這個規律就是大數定律。在中國欺騙是不管用的。

的惡果乘以 20 倍，你就能知道，如果中國領導人像我們的政客這樣愛撒謊，缺乏遠見，那麼他們的社會會混亂成什麼樣子。

總之，中國人並不瘋狂。這個國家也正在平穩地向前發展。

中國想擴大其影響範圍？

中國想向全世界推廣其處

世哲學和生活方式？

2020 年，政治資歷深厚的法國外長讓・伊夫・勒德里昂（Jean-Yves Le Drian）[1] 在巴黎召見了中國駐法大使盧沙野，[2] 對後者強加指責。外長此舉是為了回應蒙田研究院亞洲事務顧問顧德明（Francois Godement）[3] 在推特上發表的言論，後者在推特上寫道：

"我必須要說的是，我們受夠了一個中國現任駐法外交官的法西斯式宣傳言論，但是中國駐法大使卻同意將這些言論發佈到使館的官網上，法國官方是時候站出來管一管了。"

讓・伊夫・勒德里昂解釋說，此次召見是因為最近"中國駐法使館在官網發表了不當言論，該言論有悖於中法友好的雙邊關係"。說得直白一點，不那麼外交辭令，就是這些"言論"嚴重與事實不符，是對法國的侮辱，之前有位記者也曾發表文章在這件事情上指責中國。

真是這麼回事嗎？我很想問一下，究竟是誰在侮辱誰？

我們來看看事件的主角。一邊是蒙田研究所和其中國問題專家顧德明，另一方是盧沙野大使，高級職業外交官。

我們先來說說顧德明，我在一些會議上見過他幾次，他被會議主

1　讓・伊夫・勒德里昂（Jean-Yves Le Drian），生於 1947 年。1991—1992 年擔任法國第一位女總理伊迪斯・克里森的國務秘書。2012 年以國防部長的身份重出政壇，歷經奧朗德任期內的五次內閣重組。2017 年，馬克龍任命他擔任歐洲和外交事務部部長。此前，他曾擔任布列塔尼大區議會主席。

2　盧沙野，1964 年生於南京，2006—2009 年擔任中國駐塞內加爾大使，2017—2019 年任中國駐加拿大大使，2019 年 7 月履新中國駐法國大使。

3　顧德明（Francois Godement），1949 年生於法國南錫，做過教師、中國及東亞戰略和國際問題專家。

辦方邀請來闡釋"他所理解的"中國。在 1989 年（天安門事件）之後，他開始竭力鼓吹"中國崩潰論"，並且不遺餘力地證明自己這一錯誤論斷。在擔任法國國立東方語言文化學院教授，以及在法國國際關係研究所任職之前，他已經在一些喜歡批判中國的機構中掛名，擁有眾多浮誇的頭銜：顧問、主任，等等。在我眼中，這是一個自以為是的人，他說話向來喜歡信口雌黃，而如今卻跳出來指控一位大使撒謊。

那麼指控盧沙野什麼呢？他指控中國在新冠病例死亡數據上不透明，故意造假。法國總統之前在這個問題上含糊其辭，似乎在暗示法國沒有被準確告知疫情相關信息，顧德明對這番言論添油加醋了一番。我們知道情況完全不是這樣。其實並沒有人確定馬克龍到底想表達什麼，每個人都可以有自己的理解。

盧沙野方面的說法跟顧德明的不同。盧大使否認了中國在傳播"假消息"。在接受法國知名主持人兼記者讓─雅克·布爾丹（Jean-Jacques Bourdin）的直播採訪時，[1] 他表示：

"我看了他（馬克龍）的採訪全文，我不認為他有意指責中國，他只是說不同制度的國家無法相互比較。因為制度不同，一個國家無法知道其他國家發生的所有事情。馬克龍總統說，'在中國發生了一些我們不知道的事情'。同樣，我們也可以說不知道在法國發生的所有事情，這得由法國政府自己出面來說。"

---

1 2020 年 4 月，盧沙野大使接受法國 RMC 電視台和電台連線直播採訪。

採訪中不可避免地提到了特朗普（我們討厭他，我們指責他謊話連篇，但是每次他說到中國的時候，大家卻都會相信他！），對此，盧大使的回答是：

　　"如果他們指責中國，應該拿出證據，但迄今為止沒有任何證據。我想起特朗普本人在 2016 年 9 月當選美國總統前曾說過：不應該相信一些無良媒體所謂的'某信息來源'，如果不說出信息來源的名字，那麼這個來源就是不存在的。"

　　對此，顧德明們也應該好好記住。

　　我舉出這個小小的政治衝突事件作例子，是為了說明一個問題：對我們可憐的媒體受眾來說，從一堆虛假信息中分辨出真偽實在是太難了，他們讀到的都是那些總編輯和記者們想讓他們看到的信息。長久以來，顧德明到處演講，傳播片面信息，像他這樣的人還有很多。類似的傢伙我能列出一個長長的名單。他們都有一個共性：不是獨立的學者和研究員，他們都是領取薪酬的人。沒有人願意冒著忤逆其僱主的風險說真話。他們必須保證所謂的政治正確。

　　如果要理解中國的立場，就要換一種思維體系去思考。

　　無需追溯歷史 —— 對咱們這樣一本簡單的書來說那太長了 —— 我們只需要看看這幾個月來發生的事情就夠了，幾個月來國際上發生了諸多大事，但是沒有一件能夠佔據媒體頭條，沒有人去討論這些國際大事，所有的媒體談論的還是中國如何撒謊。

　　再舉一個例子：航天。中國是世界上第一個成功實現人類探測器在月球背面軟著陸的國家，創下了人類歷史上的第一次月背著陸紀錄，月背著陸是最難的，因為在地面完全看不到月球背面。自此之後，美國慌了。中國人發現任何東西，比如一座礦藏，我們是不是都會立馬聽到大家開始談論？

礦藏的話題也是各國政府一直關注的重點。開始關注的焦點是金礦，後來是銀礦，再後來是鉑金礦，如今，任何金屬都不及"矽"，因為製造微型計算機和手機都離不開這種非金屬元素。

在凡爾納（Jules Gabriel Verne）[1] 之前，月球就讓所有人遐想連篇。五十年前，美國人成功地將兩名宇航員送到月球。後來，聯合國試圖締結一個國際公約，旨在保護所有國家和平探索及開發月球的活動，禁止任何國家將月球的資源據為己有。這個被稱為"月球協定"的公約於 1984 年問世，但是絕大多數國家都沒有探月能力，因此也沒有簽署並加入此協定。[2] 隨後就按照慣例，月球成了由聯合國下屬的一個國際機構來管理的保護區。

這個國際公約就這樣不了了之，甚至不再引人注意。然而 2020 年 4 月，美國總統特朗普忽然簽署一項新的行政命令，鼓勵美國公司

1　儒勒・凡爾納（Jules Gabriel Verne，1828—1905），19 世紀法國小說家、劇作家及詩人。他創作了《從地球到月球》（*De la Terre à la Lune*），一部關於大炮送人上月球的科幻作品。——譯者注

2　只有 15 個國家簽署了該協定，所以這個協定相當於夭折了。

開採和使用月球上的礦產資源。[1] 白宮聲明："美國人應有權根據適當的法律對外太空的資源進行商業研究、開採和使用。" 至於其他的，還用我說麼？

特朗普的行政令強調說，美國沒有簽署月球協定。2015 年，美國國會就單方面地立法准許美國私人公司開發太空以及開採月球和小行星上的資源。

我們又回到了 19 世紀的殖民心態模式，那個時候，每個國家都想方設法地去非洲侵佔資源。"我們"——這些世界上除美國外的其他國家，包括中國，被告知：

"美國認為沒有必要就宇宙自然資源的研究和開採達成任何具有國際法約束力的額外條約。如果有機會的話，美國還會去火星和其他星球開發礦藏。"

而法國媒體呢，這時候還在報道中國台灣問題，以及中國海軍同美國海軍在中國海附近的摩擦（不要忘記，18 世紀的地圖中就已經開始用"中國海"這個稱謂了）。有的媒體還會報道中國聲稱對這片海域擁有所有權等話題。這些事情分散了我們的注意力。

關於美國對中國海的企圖，《世界報》的記者讓·米歇爾·貝扎特隻字不提。但是我們要知道，這片海從一開始就叫這個名字。他也

---

1 據美國《新聞週刊》2020 年 4 月 8 日報道，當地時間 4 月 5 日，時任美國總統特朗普簽署了一項新的行政命令，此行政命令名為"鼓勵國際支持回收和利用太空資源的行政命令"。該行政命令指出，1967 年的《外層空間條約》允許在月球、火星和其他地方使用太空資源，並明文寫道："外層太空是人類活動的法律和物理上獨特的領域，美國並不認為太空是全球公地。"

沒有報道任何有關月球的新聞。當我們還在讀著"都是因為中國"新冠病毒才入侵地球的假新聞時，美國已經宣佈要進軍月球！

只扎特先生、顧德明先生，還有很多其他所謂專家可能覺得這很稀鬆平常，但是法國人民卻對這一切一無所知，他們聽到的天天都是中國威脅論！

我感到困惑，難道是我漏掉什麼了嗎？

再說回中國。中國的字面意思是"中央帝國"，即位於世界中心的位置。這兩個漢字的意思就是這麼簡單。

第一個漢字意思是"中間"。為了節省篇章，我就不跟大家講什麼象形文字了，這是語言學家的事情。因此數千年以來，這個國家一直認為自己是處於某個中心位置的，比如地球的中心。

我們知道，從 1405 年到 1433 年，中國皇帝組織了至少七次海外探險。1433 年，明朝宣宗皇帝下令取消了這些海外探險，因為中國並沒有從中得到任何經濟上的收益。他們沒有在非洲或其他地方發現中國匱乏的東西，同時他們也無意讓當地的居民皈依佛教，因此探險活動收益不大。他們遇到的地方和人常有著奇怪的風俗和信仰，但這不屬中國的問題。

宣德年間（1426—1435），明王朝組織了最後一次"鄭和下西洋"航行，前幾次遠航探險也都是在鄭和（1371—1433）[1] 的率領下進行

1　同達·伽馬一樣，鄭和也在航海途中逝世。

的。這些航海活動比哥倫布發現新大陸和達‧伽馬（Vasco de Gama）[1]的遠航早了一個世紀之久。由於每次遠航都收益不大，探險家們漸漸地找不到資助了。中國是一個在諸多領域都能自給自足的國家。"絲綢之路"開通了數百年，中國大量出口，卻很少進口。在海外找到的東西在他們看來質量也都參差不齊。

至於礦藏，這個地域遼闊的國家什麼都有，只是不想過度開採[2]。因為直接購買其實是個既簡單又高效的辦法。我們也看到了，中國從澳大利亞進口沙子。

關於中國是否想擴大影響範圍的問題，我們可以這麼回答，中國對世界的影響早就存在了。毛澤東執政時期，我們就以為中國遲早會從地圖上消失，就像 19 世紀的英國人期待的那樣。

很明顯，當戴高樂建議停止對中國實施禁運政策時，英國人是首先站出來反對的，當然最後也不得不面對現實。

中國一直同世界其他國家有貿易往來。18 世紀的時候，中國同沙俄已經有貿易摩擦了，甚至引發了戰爭。那個時候，貂皮被視為重

1　2002 年，英國皇家海軍潛艇編隊指揮官加文‧孟席斯（Gavin Menzies）在著作《1421 年：中國發現世界》（*1421: The Year China Discovered the World*）中寫道："在最後一次航海中，鄭和的船隊（人數超過七萬人）繞過非洲，隨後分成三個分隊 —— 第一支船隊經由非洲海岸穿過大西洋到達安地列斯群島，第二支船隊經由麥哲倫海峽到達了美洲西海岸，最後一支船隊在南極洲水域穿行，抵達了澳大利亞海岸，隨後返回中國海。根據加文‧孟席斯的說法，中國是世界上第一個完成環球航海的國家。中國皇帝由此得出結論，世界上其他地方都比中國小，而且對中國來說也沒有什　經濟利益。

2　中國進口石油和天然氣，因為這比直接在自己國家開採更划算，還有其他很多產品也是一樣。中國從非洲進口一些珍稀礦產，但其實中國地大物博，就跟俄羅斯的西伯利亞一樣，只要願意探尋，總能找到礦產。保證自然資源戰略儲備是這個國家長久以來的政策。

要的奢侈商品，爭奪激烈。1689 年，中俄簽署《尼布楚條約》[1]。但是當後來加拿大成為珍貴毛皮的生產者時，中國沒有入侵這個國家，也沒有對其進行抹黑，而是轉向從事其他的貿易了。

2020 年 5 月 13 日，在香港金融服務發展委員會（Financial Services Development Council，FSDC）組織的一次視頻會議上，中國銀行業協會首席經濟學家巴曙松說道："隨著對美貿易小幅下降，2019 年，東盟首次取代美國，成為中國最大的貿易夥伴。因此，中國與東南亞地區的合作確實在加強……"[2] 巴曙松教授隨後強調，一直到 2018 年，中國最大的貿易夥伴一直是美國或歐盟。

但這顯然已經成為了歷史。今後不管是美國還是歐盟，都不再是中國最大或最重要的貿易夥伴了。但現如今，不管在巴黎、華盛頓還是布魯塞爾，有人去關心這些變化嗎？並沒有。

2018 年，特朗普為了利於選舉發起了貿易戰，事實證明這是一場慘敗。兩年裏，中國對美貿易額下降了 2%，但是同期對亞洲其他國家的出口額卻大幅增長。美國的失業率居高不下。中國的外貿卻沒有任何損失，同期就業狀況也保持良好。

除非向所有的亞洲國家都發動貿易戰，否則美國再也不能依靠與

---

1 該條約規定了滿洲和沙俄在阿穆爾盆地，也就是今天的西伯利亞地區各自的領土界限。康熙帝特地派遣一名法國傳教士弗朗索瓦·熱比雍（François Gerbillon，中文名張誠）為使團成員。歐洲宮廷只用法文作為外交語言。因此，俄國人當時用法語同弗朗索瓦·熱比雍進行談判。更多信息，參見：https://fr.topwar.ru/100248-nerchinskiy-dogovor-pervyy-mir-rossii-s-kitaem.html。

2 《南華早報》，2020 年 5 月 13 日報道。

中國的貿易來提振經濟和促進就業了。中國卻已經有了新的出路，上海港口依舊車水馬龍、繁忙如常。我知道美國對此感到惱火，但是沒有辦法，事實就是這樣。如今，中國真的是一個中心角色了。

在我們經歷了抗擊新冠疫情的慘敗後，英語和法語的金融媒體〔可以讀一讀《論壇報》（Tribune）《回聲報》（Echos）和《金融時報》（Financial Times）〕，還有我們的政客，依然在不停地談論如何在恢復元氣後縮短商品流通路綫（這是荒謬的，尤其在新自由主義誕生後），以減少本國經濟對中國的依賴。

民眾和部長們才剛剛覺察到這個事實 —— 很多藥品竟然都已經是中國製造了。在歐洲衛生當局及公司股東的支持下，賽諾菲和其他差不多水平的公司，都已經在中國建廠或者將業務分包給中國的合作夥伴。

礙於龐大的利潤（通常是賬面上虛的數據），所有人都選擇了對此視而不見，包括政客們。業務搬去中國不是一天兩天的事了，我們的政客們非但沒有表現出不滿，反而鼓勵企業這麼做。中國有著世界上最豐富的勞動力資源，中國事實上已經變成了"我們的"世界工廠，[1] 而她卻並不依賴我們。為了便於理解，我在這裏想引用法國作

---

1 法國人每天都會發現，他們的商業中心售賣的那些品牌都沒有庫存。定製一張床都需要一個月的時間才能到貨。洗碗機呢？如果沒有庫存的話也需要等上一個月。一部高檔電視機呢？也是如此。在歐洲，所有的貨物不是在公路上就是在火車上，倉庫和商店裏永遠沒有存貨。貨物永遠都裝載在路上疾馳的卡車中。

截至 2021 年底，中歐班列累計開行 4.9 萬列，運輸貨物 443.2 萬標箱，通達歐洲 23 個國家、180 個城市。

家拉・封丹（Jean de la Fontaine）的寓言詩《知了和螞蟻》（*La Cigale et la Fourmi*）[1]。

這種情形其實很久以前就顯露出來了。但諷刺的是，疫情封控才讓我們中的某些人意識到發生了什麼，比如馬克龍總統，他雖然曾擔任法國經濟部部長，熟悉新自由主義經濟的那一套，但他那時候做了什麼呢？他了解經濟趨勢和產生的後果嗎？至少從表面看來，他什麼都沒做。他在想什麼呢？顯然他沒有去想這樣一種經濟體制的未來。他真應該讀一讀拉・封丹的寓言。

我們很多大學現在經常將東南亞經濟發展作為課題來研究，學院也經常會為學者去巴厘島等地參加學術會議付費，但還沒有意識到這一點，中國不是（或者說不再是）一場貿易戰就可以打倒的了，哪怕一些西方人很希望如此。

儘管歐洲和美國的專家們不遺餘力地散播"假消息"，卻無法掩蓋這個事實，我再說一遍，2019 年，中國和東盟（人口總數超過 6.54 億）之間的貿易額已經大大超過了中國和歐盟（4.46 億人口）以及北美地區（6.01 億人口）的貿易額，歐洲許多人甚至都不知道東盟其實是由十個國家組成：緬甸、文萊、柬埔寨、印度尼西亞、老撾、馬來西亞、菲律賓、新加坡、泰國、越南。我們再也回不到過去了。一個時代結束了。所以，是時候重新審視一下我們的報道，換一下我們關心的話題了。

---

1 其寓意是凡事都要預先有準備，才能防患於未然；要不失時機的工作、勞動，才能豐衣足食，好逸惡勞的結局往往可悲。——譯者注

還有更多的例子，韓國（5100 萬人口）最主要的貿易夥伴也是中國，二戰後一直附庸美國的日本（1.25 億人口）如今也投入到和中國的貿易中——中國及中國香港成為日本 2017 年最大的貿易夥伴，中國也是俄羅斯自 2009 年以來（1.43 億人口）最主要的貿易夥伴。很明顯，中國並不需要新的戰略和特別的野心來"拓展其影響力範圍"，因為鄰國已經為其提供了 9.72 億已有或者潛在的客戶。這就是 2022 年的世界格局。

所以追問中國是不是想"擴展"影響力，這個問題似乎很無聊。我們真正憂慮的，其實是我們感到了自己的影響力在減弱。但這是中國的錯嗎？如果中國很早之前就放棄自我發展，就能改變我們現在的處境嗎？

再講一件事實：雖然中國從來不提，但是其銻和鎵的儲量在世界上佔據壟斷地位，這兩種貴金屬是製造電子芯片必不可少的重要原料。因此，看到特朗普總統宣佈抵制華為進入美國芯片市場，可謂一件非常奇怪的事情，要知道華為可是世界上最先進的 5G 移動通信技術供應商。[1] 如果沒有銻就不能製造芯片，這是顯而易見的。

還有一個事實——中國擁有世界上最豐富的"稀土"資源 [2] ——可以證明"中國的影響力範圍"這個問題有多麼愚蠢。

1　了解更多關於華為的信息，參見：http://www.androidauthority.com/huawei-google-android-ban-988382/。

2　稀土分佈在元素週期表中，這個週期表也被稱作門捷列夫表，表中包括 118 種化學元素，其中最後一個是氣奧（Og）。

所以，中國為什麼要拓展其影響力範圍呢？有什麼目標嗎？有什麼地方是中國影響不到的嗎？很少有，因為中國的影響力已經無處不在。在家樂福超市，在 Bricomarché 超市，[1] 在你的汽車裏（可以想像一下，1990 年時，北京的大街上汽車還很少），如今又因為新冠疫情，在藥店裏也處處可見中國製造的影子。在歐洲、在美國，有人被惹怒了，特朗普總統對華為採取的抵制行為，就是為了保護美國公司的市場份額。然而，五角大樓沒有弄明白這一點：離開美國市場，華為一樣可以生存和壯大。

　　還有一個現象，法國人都司空見慣了，法國電視一台成天地播放美國電視連續劇，但是從來沒有人質疑過這是否構成一個國家的宣傳，或者這是否正常。

　　中國人是否想將自己的價值觀和生活方式強加給別人？就像我們歐洲人做的這樣，或者像新保守主義的美國人在中東地區的所作所為，以不正當的藉口侵略伊拉克，以北約的名義轟炸利比亞（或者在烏克蘭發動政變，這樣的例子數不勝數[2]）。

　　前面我們說過了，中國是最早完成環球航海的國家，在這裏我還要補充另外一個有史料可查的事實。我們用一點時間來聊聊東印度公司，這是英國的一家私人公司，在 18 世紀裏控制了印度。

　　東印度公司先是侵佔了孟加拉用來發展鴉片種植業，隨後該公司

1　法國領先的 DIY 零售商店。——譯者注

2　20 世紀裏，美國資助了超過 80 次國家政變，目的是推翻當地政府以建立親美政府。這些都是有據可查的。

的股東們又搶奪了亞洲所有的茶葉種植業務。茶葉是當時英國最為珍貴的商品，就像鬱金香的價格在荷蘭也曾一度漲至瘋狂，為了掠奪香料和胡椒粉，東印度公司將荷蘭人驅逐出了印度尼西亞。經由尼泊爾去往西藏和雲南是最短的陸路距離，侵略尼泊爾便成了必選項，因為東印度公司要在尼泊爾種滿茶葉。這就是當時東印度公司的想法。同時還可以繞過中國政府限制海洋貿易的政策，當時中國政府只開放廣州一個港口進行海洋貿易。[1]

基於這樣的目的，從 1765 年開始，東印度公司就開始插手尼泊爾的內政，目的是打開這個國家的大門，從而以其為跳板進入喜馬拉雅地區的中國邊境。同樣的伎倆在印度也獲得了成功，進入印度後，英國以保護印度為由，安置了一支私人軍隊駐紮在當地。很快這支軍隊就開始在印度不斷地扶植國王，於是一些傀儡國王相繼登基，垂死掙扎後，很快又被他們更聽話的表兄弟們所取代。[2]

沃倫·哈斯汀斯（Warren Hastings）[3] 在 1774 年至 1786 年擔任英國駐孟加拉總督，當時孟加拉是鴉片的主要供應地，也是東印度公司的主要經濟來源國。由於哈斯汀斯不斷地騷擾尼泊爾，尼泊爾國王便向中國求援。1791 年，中國派遣了一支 7 萬人的兵團相助。面對中國的出兵，東印度公司撤離了自己的軍隊，灰溜溜地走了。

1　指的是乾隆二十二年（1757 年），清政府下令關閉了其他港口，只開放廣州一處作為對外通商口岸，並規定由朝廷特許的 "廣州十三行" 統一經營對外貿易。

2　威廉·達爾林普爾（William Dalrymple）在《白莫臥兒人》一書中精準地闡述過這種戰略。

3　沃倫·哈斯汀斯（Warren Hastings，1732—1818），生於牛津郡，英國殖民官員，1750 年到印度在英國東印度公司中任職，1774 年成為第一任孟加拉總督。——譯者注接下來發生的事頗有意思。中國軍隊一路攻進了加德滿都，而尼泊爾的國王軟弱無力。國王只求能夠保住王位，便請求中國將尼泊爾變成中國的藩屬國，受其保護。但是中國沿襲了祖先的傳統，要求尼泊爾進貢即可，隨即將軍隊撤回雲南。想像一下，如果是一個歐洲強國會怎麼樣：肯定是廢黜國王，吞併這個國家。

這顯然是個戰略錯誤，因為東印度公司不會輕易地放棄獵物。最終，尼泊爾國王於 1815 年與東印度公司簽署了條約，允許該公司長期控制尼泊爾。對印度歷史感興趣的人應該知道這意味著什麼。東印度公司的官員彷彿是尼泊爾的真正國王，並擁有一支軍隊來保護公司在當地的利益。總之，一切已如探囊取物。尼泊爾於是到現在都沒有緩過勁來，國家貧弱，政府無力，經濟停滯不前。

再說回中國。尼泊爾複刻了印度的種姓社會制度。廓爾喀人[1] 是印度教徒，同中國文化沒有絲毫共同點，因此這是兩個完全不同的社會體制，不同程度不亞於歐洲社會和中國社會的差別。中國社會不存在種姓制度，我們拿前面提到過的中國著名海軍將領鄭和舉例。鄭和出生在一個虔誠信奉伊斯蘭教的回族家庭，姓馬，名三寶。明洪武十三年（1381）冬季，明朝軍隊進攻雲南，10 歲的馬三寶被擄入明營並被閹割成太監。在靖難之變（1399—1402）中，他在河北鄭州（今河北任丘北）為燕王朱棣立下戰功。再後來，鄭和的職業經歷證明了他的出身沒有給其發展帶來任何歧視和障礙，皇帝非常器重他，

---

1 尼泊爾最主要的民族，佔該國人口總數的三分之一。

賜給他鄭姓並改名為和，封四品官，後來又將航海船隊賜給他領導。

在印度教社會中，鄭和可能永遠不會出人頭地，因為他是穆斯林。當莫臥爾帝國崩塌的時候，其寬容的政策被印度教嚴苛的政策所取代。

這也許是中國政府沒有選擇吞併尼泊爾的原因——吞併一個社會體制與中國的完全不同的國家，對自身有什麼好處呢？這種結合的結果是不可能和諧的。因此，可以進行商貿往來，吞併的話就算了吧，這不是一個富國強民的好選擇。

從中國歷史中，我們可以找到很多類似的例子來佐證這種戰略。因此可以看到，中國從來不會強加自己的文化於他人，也沒有意願改變他人，這一點從來都沒有改變過。

至於強加生活方式於他人，這是什麼意思呢？我們的歷史確實是在不斷地強加給別國我們認為的好東西，比如宗教，但是至於中國人是不是有想法同化那些非中國人，我們可以思考羅馬的例子。

羅馬人和希臘人一樣尊崇諸神，但卻拒絕神權政治，他們只對貿易和致富充滿野心。歷史上從來沒見過他們發動的哪一場戰爭是為了"改變世界"。然而，只要羅馬人到了某個地方，這個地方的社會就會發生變化，同時羅馬人自己也會發生相應的改變。他們非常務實又貪圖享受。中國與羅馬還有一點相似之處，他們都沒有被宗教文化統治。這就是他們與"我們的"世界最大的不同，"我們的"世界總是充滿了由於宗教信仰不同而引發的國際爭端。

中國將走向何方，一年、十年乃至五十年後，她的發展狀況如何？

以下是我以前寫的《中國和香港的來信》第一卷的摘錄，1989年1月13日在香港發表，距今已有三十年了。

"在這個時候，媒體界通常會有一個傳統，即預測一下未來的經濟、政治、股市、稅收增長、收入下降、藝術家的生活、體育，等等。而在香港，所有的媒體都在做一個減法運算：1997-1989=8。

這個 8 是什麼意思呢？距離大變革還有 8 年。距離帶著羽毛帽子、穿著蕾絲花邊衣服的英國人撤離香港還有 8 年，距離北京政府前往接管香港還有 8 年，他們不戴羽毛帽子，也不穿蕾絲花邊衣服。

每個人都在掂量這場變革將會帶來何種後果。大家都在根據現狀推測：有人預測將會有 40 萬香港人移民，到時候在溫哥華的廣東人可能比加拿大人都多；有人說李嘉誠的財富將會達到 20 億美元（如果他現在還沒達到 20 億美元的話）；立法委員會的代表平均年齡將會是 56 歲，這比中國全國人民代表大會代表的平均年齡要低一些；股市將會升至 8000—9000 點（現在僅僅是 2687 點）。

相反，1988 年這一年本身就已經告訴大家，大變革已經發生了，只是大家還沒有意識到。事實上，香港當時發生了兩件史無前例的大事情，所幸結果並不壞。

首先是股市，港交所前主席及幾個高層由於腐敗而被逮捕，香港股市隨之陷入困境，但是這對經濟並沒有造成影響（這也反向證明了這家股交所的作用跟一個大賭場沒什麼兩樣）。

隨後，香港和中國內地的轉口貿易開始超過香港製造業的產品出口，後者在經歷通貨膨脹後一直停滯不前，而轉口貿易額提高了 50%。

因此，香港對中國內地的經濟依賴已經不用預料了。1989 年的時候，二者之間的緊密聯繫已經初見端倪了。

不僅香港地區對中國內地的依賴在加強，世界上很多地區都越來越依賴中國。比如 2020 年 2 月，我們的領導人都看到了，除了德國能夠依賴庫存勉強度日外，其他歐洲國家包括法國，都極度缺乏醫療物資（藥品、床位、口罩、輸氧機等）。

世界範圍內的大變革已經在發生了，除非我們的領導人能夠徹底地改變經濟模式，而如今看起來這很難，每次我們現行的經濟模式被攻擊時，他們都在拚命地維護。我們唯一還能夠安心的，就像 1989 年的香港一樣，就是這種變革在經濟上不會對大家的消費水平有太大影響，但是政治上的影響就不好說了。我們已經遭受重擊了，但這並不意味著弗朗索瓦·多西瓦爾（François d'Orcival）[1] 於 2020 年 5 月 22 日在《費加羅報》（Figaro）上發表的文章就是正確的，這篇文章的題目是 "中國讓世界顫抖嗎？"

他所說的 "世界" 指的是哪裏？誰顫抖？為什麼顫抖？很顯然，非洲不會顫抖，東南亞不會顫抖，印度和俄羅斯也不會顫抖。顯然世界上有很多地方都不屬多西瓦爾先生所說的 "世界"，我知道他曾

---

1 弗朗索瓦·多西瓦爾（François d'Orcival）生於 1942 年。在《現實價值》（Valeurs Actuelles）雜誌的創刊者雷蒙德·布爾吉納（Raymond Bourgine）的帶領下開始其職業生涯。隨後成為週刊和《世界表演》（Spectacle du Monde）月刊的主編。2008 年成為法國道德與政治科學學院的成員。他熱衷於在各種電視節目中露臉。

先後在《現實價值》（*Valeurs Actuelles*）和《世界表演》（*Spectacle du Monde*）雜誌社工作過，20 世紀 90 年代時，該雜誌曾經一度非常受歡迎，但是如今乏人問津。

只要我們不肯承認世界的"極"已經發生變化，中國就是並且永遠會是一個威脅。就像地球的磁極[1] 始終以一種難以闡明的方式在變化著一樣，我們的文明也已經失去了指南針。但這完全是壞事嗎？

危機狀態是我們所處世界的常態。通常來說，報紙上和電視上只要沒有危機相關的報道，那麼發行量和收視率都會暴跌，讀者和觀眾也會急劇下降。

走出危機已經迫在眉睫，於是我們心神不寧、焦躁不安。我們採取了各種措施，換句話說，就是花了不少錢，因為在我們這個時代，解決問題就是靠吸血各種公司來增加政府的財政支出。

如今，最緊急的事情就是氣候變化，那以前呢？是戰後共產主義，是鐵幕，是朝鮮半島，是六日戰爭，[2] 是去殖民化，當然還有

1　北極是地球的最北端，在日常用語中，我們通常指的是磁極，在航海中唯一可以用來明確方位的就是地球磁極。只有航海家和領航員才對這個感興趣，因為所有航海活動都離不開磁極。今天，GPS 技術的發展讓我們不需要再計算地球磁極的偏離（地球磁極會隨著時間發生偏移）。

以前，它每年移動 10 公里，從 2001 年開始，每年移動 55 公里。2021 年，有人預測到 2031 年，它將會偏離 390—660 公里。科學家通過計算，得出結論，地球的磁極每 25 萬年會調轉一次。問題是，人類的記憶中還不曾出現這個現象，也不知道數據究竟是否準確。這是否會對氣候產生影響？這跟太陽爆炸一樣，都是有可能出現的。今天，人類還沒有完全掌握地球、太陽、地球磁力、潮汐、月亮之間的關聯。這些現象都是人類不能控制的。在這個領域，人類是完全未知的。

2　即 1967 年 6 月 5 日至 1967 年 6 月 10 日進行的第三次中東戰爭。——譯者注

一些我不知道的危機。但是中國從來都不在名單裏，她不構成任何危機。因為當時的中國貧窮落後，備受戰爭摧殘（從 1840 年持續到 1949 年），政治上又不斷地走向左傾。同蘇聯的盟友關係破裂後，中國一直處在美國的軍事威懾下。那時候，即使碰到美國總統選舉活動，有關中國的話題也從來不會被拿出來討論和利用。

而如今那個時代過去了，世界完全變了。中國成為了我們關注的頭版頭條。中國成了一個強大的後起之秀！中國成了我們關注的頭等大事！

每一代人都覺得自己遇到的困難和任務是史無前例的。這種思維最典型的一個例子就是馬克龍，當然還有所有的美國總統們。

中國人懂得韜光養晦，他們知道要成為明星，但是必須保持低調。我們知道後疫情時代將會充滿危機，但這不是病毒引起的，而是因為疫情引發的資本主義世界經濟的混亂——管理糟糕、陷入停滯的經濟狀況，將不可避免地被用來實現某些政治目的。

總之，西方世界需要一個譴責的對象。中國也清楚自己正是這個被譴責的對象，因為西方世界必須找到這麼一個用來發泄不滿的對象，而譴責的理由距離真相越遠越好。我從來沒有見過一個歐洲領導人表示悔過。你見過馬克龍在電視上承認過自己的無能嗎？反正我沒有見過。

人們總是喜歡把自己的焦慮無限地放大，當他顫抖的時候，想讓全世界都跟著顫抖。當某個偉人去世的時候，我們總是喜歡用一些自然現象來投射。史料記載，當拿破崙去世的時候，狂怒的暴風雨席捲著聖赫勒拿島。在中國，毛澤東去世前兩個月，一座叫唐山的城市遭遇了巨大的地震。而事實上，有些地方每天都有暴風雨，地震也只是正常的自然現象。

一個國家的首腦的離任還總是被視作一個時代的結束，比如弗朗索瓦‧密特朗（François Mitterrand）[1]，再比如雅克‧希拉克（Jacques Chirac）[2]。但是，作為經歷過那些時代的人，我並沒有覺得這些時代有什麼特別，唯一的區別就是報紙上的頭版頭條換了吧。然而這又是不可避免的，因為一個新任領導的上台總是會被描繪成一種新生的信號。這是媒體慣用的一種伎倆。

1989 年，鄧小平退休，離開政治舞台但影響力猶在，江澤民成為接班人，我這樣寫道：

"事實上，不存在絕對的危機。鄧小平退出政治舞台，不管是真退出，還是我們以為退出了，其實都不重要，這只是中國四千多年歷史中的塵埃，不管鄧小平是否卸任，歷史的車輪都會像以前一樣滾滾向前。"

1997 年，鄧小平逝世，當時的中國已經比他接手的時候富裕了

1　弗朗索瓦‧密特朗（François Mitterrand, 1916-1996）。他於 1981 年當選法國總統，儘管身體欠佳，又犯了重婚罪，但還是獲得了連任。1995 年他卸任離開政治舞台，次年去世。

2　雅克‧希拉克（Jacques René Chirac, 1932-2019）。他於 1962 年從國立行政學院畢業，此後開始了漫長的政治生涯：1974 年擔任德斯坦政府的總理，1977 年當選巴黎市長，1995 年接替密特朗成為法國總統。他擔任過兩屆法國總統，每一屆任期五年。2013 年後，由於罹患神經性疾病，他退出歷史舞台，並於 2019 年辭世。在整個政治生涯中，他一直是堅定的戴高樂主義者，對美國在伊拉克的行動一直持強烈反對態度。歷史最終證明了他是對的。

很多，也強大了很多，而如今的中國還在不斷地變得更加強大。從中可以得出什麼結論呢？他的繼任者們也一直在不斷地開啟新篇章。

關於我們預測中國的未來這個話題，首先要明確一下我們到底指的是哪方面的未來。是經濟的？是生態的？是中國整體的未來，還是僅僅從我們歐洲人角度看的未來，即某種意義上白人視角的未來？

聽一聽所有關於中國的言論中，經濟是我們談論最少的話題（我們有些人說中國在經濟發展上撒謊了，但他們的這種論斷是基於什麼證據呢？）。

2020 年 8 月 24 日，習近平主席在北京參加了一個經濟社會領域的專家座談會。[1] 會議的目的是什麼呢？首先是在開放的國際經濟格局下繼續建設開放和平衡的經濟體制；其次，牢牢守住工業產品安全和糧食安全底線，警惕可能遭遇的上游風險（換句話說，來自美國的要挾）；同時，繼續徹底消除全國範圍內的貧困。

中國的 "縣" 相當於法國的一個省份。這是中國的第三級行政區劃，排在省、市的下面。不要忘記中國一個省的規模跟歐洲的一個國家差不多。中國大概有 1464 個 "縣"，[2] 需要脫貧的縣城將會是他們關注的重點。中國的經濟基礎是農業。

習主席向經濟學家們強調，"中國農業基礎還不穩固，城鄉區域

---

1 《習近平主持召開經濟社會領域專家座談會並發表重要講話》，中華人民共和國中央人民政府網站，2020 年 8 月 24 日，http://www.gov.cn/xinwen/2020-08/24/content_5537091.htm?gov。

2 中國民政部截至 2009 年底的數據。—— 譯者注

發展和收入分配差距較大，生態環保任重道遠，民生保障存在短板，社會治理還有弱項。總之，進入新發展階段，國內外環境的深刻變化既帶來一系列新機遇，也帶來一系列新挑戰，是危機並存、危中有機、危可轉機"。他的發言中蘊含的哲學思想源於《易經》[1] 一書，而這本書編撰於公元前 1050 年。[2]

這就是習近平主席未來幾年的施政綱領。這個綱領並非全新的，它也繼承了以往的中國傳統。治理中國和看待問題的方式中蘊含著歷史的一脈相承性。

歐洲人現在擔憂的是，中國的經濟將要成為世界第一。那又怎麼樣？中國不是第一個成為世界第一經濟強國的國家。這影響世界的歷史了嗎？要記住中國可從來沒有主動向任何一個歐洲國家宣戰，相反，中國倒是好幾次被各國以各種理由入侵。

有人對美國說，中國用病毒攻擊了他們。馬克龍總統甚至也使用過這樣的表達："我們身處一場戰爭中。"所有這些都是對真相的危險操控。中國真的有馬基雅維利計劃[3] 嗎？當然沒有。相反，我們中的一些人，卻一直在計劃摧毀中國，他們天真地以為，這種基於種族主義的戰略能夠摧毀中國，同時自己還能全身而退。

歐洲人和美國人對新冠疫情等閒視之的反應，令中國人感到難以

---

1 想要了解這本中國的經典，可以閱讀本書作者所著的《衝擊：中國前行（16—19 世紀）》一書（Mettis 出版社，2014 年）。

2 這是關於《易經》起源時間的說法之一，目前尚無定論。——譯者注

3 源自意大利政治家和歷史學家馬基雅維利，又被稱為馬基雅維利主義（machiavellianism），是一種被運用於政治的策略與手段，也被視為權術和謀略的代名詞。——譯者注

理解。

我在 2020 年 5 月 23 日的《南華早報》[1] 上讀到一篇採訪，採訪對象是中國廣州一個富有的中產階級女性。正是這個群體令英美的大學賺得盆滿鉢滿，因為他們都有將孩子送去歐美大學讀書的傳統。

下面是譚愛麗說的話（她微信群裏的三百多個好友持有同樣的觀點，微信就相當於我們的 whatsapp）："面對疫情，歐洲政府表現無能，他們的所作所為令我們震驚。真是讓我們出乎意料，因為一直以來，我們認為西方的公共衛生服務和生活質量比我們的高很多，但如今卻發現根本不是這麼回事兒。"[2]

這個群體由全職媽媽組成。大家在這個圈子裏相互交換各種信息：不同的學校、各自的價格、教學質量、校園安全，當然還有愛馬仕包的質量和古馳最新款系列。譚愛麗經營著一家茶廠。她住在廣州，平時出入開著一輛保時捷卡宴（中國是這個汽車品牌的第一大市場）。

她說："其實我們已經決定，明年不把孩子送出國讀書了。我們甚至提都不提這個想法了。"[3]

1　香港的報紙，已經被阿里巴巴收購。——譯者注

2　2019 年度中國出國留學人員總數為 70.35 萬人，大量的海外留學生也構成了中國富裕家庭移民的最主要原因。2019 年，新冠疫情之前，英國有超過 12 萬名中國留學生。2020 年 2 月，海外發生了幾起極端種族主義分子襲擊中國人的事件（英國、美國、澳大利亞），促使有些人回到中國。同樣的事情也在發生在香港特別行政區，2019 年 12 月，不少內地學生離開了香港大學，因為他們也是種族主義極端分子襲擊的目標。

3　見《南華早報》，2020 年 5 月 23 日報道。

所以，不是我們拋棄了中國，而是中國選擇將我們棄之不理。華為的例子也一樣，儘管美國禁止華為使用谷歌、微軟及其他美國公司的產品，2019 年，華為的營業額仍舊不斷增長，這家中國企業已經找到了出路。

美國會發自本能地去摧毀與其經濟實力相當的經濟體。中國從來不會採取這種無價值的戰略。試想，如果你的鄰居越富有，你肯定也會越富有。如果你的鄰居是個窮光蛋，那麼你也富裕不到哪裏去。看起來歐洲人早就忘記了這句富有智慧的羅馬諺語，而這句話恰恰可以很好地解釋中國在亞洲的發展策略。

美國摧毀了老撾，使得法國人在湄公河上建的橋樑皆被破壞殆盡，美國人在越南也做了同樣的事情，摧毀了法國殖民者花費五十年在當地發展的經濟 —— 為了進口這個富饒國家的農產品，當時法國人做了不少努力。

中國卻選擇與老撾共享邊防檢查站（緬甸磨丁的檢查站可以通往中國的小鎮猛臘鎮），2019 年 9 月我曾經路過那裏。

中國的邊防檢查站非常大，也很現代。有寬敞的卡車專用停車場。所有建設資金都來自中國政府。卡車是從中國雲南前往泰國的，有些前往正在建設中的安達曼海的一個港口。[1]

1　2021 年 12 月，中國昆明和老撾首都萬象之間的一條鐵路建成通車。老撾境內長達 414 公里，包括眾多隧道和橋樑。該條鐵路主要用於貨物運輸，並將和泰國的鐵路實現互聯互通。建設這條鐵路的目的是開發雲南，在阿曼達海域直接開展貿易。這是一條可以繞過喜馬拉雅山脈的線路。

1900 年，法國曾經在柬埔寨和越南做過同樣的事情。當時甚至有一項從金邊到西貢[1]的汽車拉力賽。然而後來道路被炸毀了。我最後一次經過柬埔寨的時候，這些道路還沒有重新開通呢！我舉這些例子是為了說明一個事實：中國在建設，而我們在摧毀。

　　如果真的存在某種威脅，那麼這種威脅來源於我們的疲弱不堪和無力擁抱未來的無能，因為我們一直沉迷於過去，因為美國只是一座沙子城堡，因為那些歐美政客們 —— 不管是唐納德·特朗普、約瑟夫·拜登，還是鮑里斯·約翰遜 —— 都需要中國這樣一個假想敵來助力他們成功當選。

1　西貢，胡志明市舊稱。1975 年 4 月 30 日，越南民主共和國統一全國後，為紀念越南共產黨的主要創立者胡志明，將西貢改名為“胡志明市”。—— 譯者注

對於 14 億中國人來說，
什麼才是迫切需要的？

2020 年 5 月 25 日，法國經濟和財政部部長布魯諾·勒梅爾（Bruno Le Maire）[1] 宣稱，法國政府已經投入 4500 億歐元，即國民生產總值的 20%，用來解決新冠疫情造成的後果。

法國僅有 3790 萬個納稅戶。布魯諾·勒梅爾剛剛宣佈，從 2020 年 1 月算起，政府每人增加了 11837 歐元稅收。但是我們計算時要考慮到只有 1650 萬戶是必須納稅的，所以實際上每人增加的稅收是 27000 歐元。政府有權這麼做嗎？從 2021 年到 2022 年，增加了幾十億歐元的稅收。這可信麼？

兩年前，法國政府財政沒有資金覆蓋公共醫療衛生服務（關掉了 17000 張床位），沒有資金覆蓋司法支出，沒有資金建設足夠的監獄來解決現有監獄負載過重的問題。這個名單實際上還要更長，這些領域統統都面臨著資金短缺的問題。2021 年，布魯諾·勒梅爾每個月給企業提供 40 億歐元的支持資金。一直要支持到什麼時候？錢從哪裏來？

如果中國讓馬克龍擔任主席，愛德華·菲利普（Edouard Philippe）[2] 擔任總理，布魯諾·勒梅爾擔任財政部部長，那麼防疫賬

1　布魯諾·勒梅爾（Bruno Le Maire），生於 1969 年，主修現代文學，1998 年從國立行政學院畢業後，他加入時任法國外長德維爾潘的團隊。2017 年，他幾次嘗試成為反對黨領導人，以便參選總統，在馬克龍提供了一個經濟部的職位後，他加入了馬克龍陣營，後來藉著內閣改組的機會，他成為法國經濟和財政部長。新冠疫情暴發後，他面臨著恢復經濟的任務。

2　愛德華·菲利普（Edouard Philippe），1970 年出生於雷恩，他從國立行政學院畢業後進入行政法院工作，開始為社會黨效力，後來轉變陣營，加入希拉克的前總理阿蘭·朱佩的團隊。2017—2020 年馬克龍政府期間，他答應出任總理。

單金額將會增加四十倍，但是我相信這種情況不會發生，因為前面提到的"大數定律"肯定會提前阻止這種瘋狂。

法國因為疫情防控引起的經濟停擺造成的損失，是美國稅收收入的 18 倍，我們甚至重新用到了"宵禁"，一個二戰後就基本消失了的政治術語。

在這種形勢下，有過這樣的經歷後，我們還如何堂而皇之地談論人權問題？我想說什麼呢？不管是疫情之前還是之後，難道人權的概念是可以隨時變化的嗎？所謂的人權不過是一直以來的幌子。是失去理智的政客們需要利用的工具。

而現在我們還去談論關於中國的人權？

但是我們敢談論其他的嗎，比如中國令成百上千萬的人走出了貧困？西方都做了些什麼呢，摧毀了伊拉克、敘利亞和烏克蘭，但是對此隻字不提，轉而評論我們想像出來的別國的悲慘？所有這一切都非常可笑。

我在《觀點報》（Point）上曾讀過一篇對彭定康的專訪，他如今被授勳成為英國終身貴族。這篇專訪一上來就問："您在擔任香港總督的時候，跟中國領導人非常熟了。那麼，您如何評價中國主席……？"

《觀點報》的記者馬克·洛奇（Marc Roche）[1] 不知道（誰會告訴

---

1 馬克·洛奇（Marc Roche），1951 年出生於布魯塞爾，先後擔任《世界報》《觀點報》和《晚報》駐倫敦記者，顯然，他完全不了解彭定康的職業生涯。

他呢?),該報的總編也不知道,彭定康[1] 在 1992 年到 1997 年任職期間,從未見過中國領導人。他是一個在政治上不受歡迎的人,1997年 7 月 1 日香港回歸後,彭定康被降職至最低一級官員行列(查爾斯王子屬最高級官員的行列)。

簡言之,儘管彭定康有著唬人的履歷,但是他無法告知法國讀者一個真實的中國。我們卻時不時把他請出來,扮作專家一樣點評中國問題。法國人很喜歡他,尤其是他在法國佩利哥還擁有一所用香港納稅人的錢買的漂亮房子呢。

馬克·洛奇還不如採訪前港督衛奕信(David Wilson)[2],他是香港第 27 任總督,1992 年被時任外長約翰·梅傑(John Major)召回。梅傑改派彭定康出任香港總督一職,當時後者剛剛被選民們從巴斯選區議員的閒職上趕下台。衛奕信的職業生涯中有三十年時間都在跟北京方面和香港打交道。他的想法很有前瞻性。中國政府也很尊重他。如今被中國政府尊重,反而會給政客自己帶來麻煩。

1　彭定康(Christopher Francis Patten),生於 1944 年。他的職業源於一次失敗的選舉。時任英國首相約翰·梅傑將其派遣到香港接替衛奕信,因為後者跟中共走得太近。彭定康卻完全不存在這個問題,他對中國和亞洲一無所知。1992—1997 年 6 月 30 日,他擔任香港總督。香港回歸之前,我曾經對其進行過一次私人訪談。他滔滔不絕地講述自己採取了所有必要的措施,來保障中共管轄後香港居民的利益,因此多虧了他,香港人不會有任何風險,最後分別的時候,他問了我這 一個問題:"您呢,那您什 時候離開?"這說明他在別處是個虔誠的天主教徒,而在香港卻是一個徹頭徹尾的種族主義者:我是白人,而其他人,你們都是黃種人!

2　衛奕信(David Clive Wilson),生於 1935 年。1962 年至 1968 年被外派到北京任職,會講普通話和廣東話,1977 年至 1981 年擔任香港第 25 任總督麥理浩爵士的政治顧問。他深受中國同儕的尊重和喜愛,這反而招致了他被罷免。

另外，還要提到一個人，傑里米·斯塔布斯（Jeremy Stubbs）[1]，他擔任不少法國高校的客座教授，比如巴黎政治學院和法國高等外貿學校，曾經一度還擔任英國保守黨巴黎分支主席（因此，我們知道他肯定是堅定的反中反俄派），他曾經寫道：

　　"中國獨裁政府的黑暗將會對全世界產生災難性的後果，面對中共的統治戰略，西方應該組成統一戰綫，阻止中共踐踏法治。"[2]

　　所有這些論斷都毫無根據，這番發言之後，所有人都想知道到底他說的世界性的災難後果是什麼。難道以後我們要譴責中國，要中國為我們失去的自由負責嗎？

　　試想，如若伊麗莎白陛下向你講述法治，這本來就是一件可笑的事情。法治是什麼，是我們向英國議會陳述在亞洲銷售鴉片合法，而在英國卻嚴格限制鴉片？傑里米·斯塔布斯難道忘了這些嗎？

　　而今天的法治又是什麼？是鮑里斯·約翰遜聲稱自己在退歐協定上的簽字無效？是他對北愛爾蘭人撒謊而導致當地發生騷亂？是他任意修改以前確定的獲得英國護照必須符合的條件，只為通過亂港分子

1　傑里米·斯塔布斯（Jeremy Stubbs），畢業於牛津大學（1962—1968 年就讀於莫德林學院）。2020 年起，擔任《談話》（*Causeur*）雜誌副主編，這是創刊於 2007 年的一本電子新聞刊物。2008 年紙質版月刊開始發行。2013 年，開始在報刊亭售賣。編輯委員會成員有伊麗莎白·勒維·吉爾·米哈雷（《談話》雜誌的兩位創始人）、馬丁·皮門特爾和傑里米·斯塔布斯。伊麗莎白·勒維稱該雜誌是 "多元化觀點自由交鋒的地方"。該雜誌因其不因循守舊的作風，被其他舊派媒體視為新反動派。雜誌每期發行量約為一萬份，長年虧空，遇到了很大的資金問題。雜誌最大的股東是傑拉爾德·彭喬萊利，1993 年至 1996 年，他是《分鐘報》的所有者（該報於 2020 年被破產清算）。

2　2020 年 5 月，《談話》雜誌第 79 期。

五年簽證的申請？很顯然，隨著政治環境的變化，對法治的定義似乎也可以隨時改變。

　　還有巴黎戰略研究基金會特別顧問弗朗索瓦·海斯堡（François Heisbourg）[1]，他也是知名的權威人物，他告訴我們中國是一個獵捕型的國家，而歐洲就是其獵物。還有尼古拉·考蘭（Nicolas Colin）[2]，他是法國《觀察報》的臨時專欄作者，典型的 ENA 一族[3]，當他談論中國時，肯定少不了"霸權"這種字眼。還有弗朗索瓦·多西瓦爾，他在《費加羅報》上的文章也是一樣的論調。

　　但是我發現最精彩的莫過於帕特里克·伯奇（Patrick Berche）[4]在《巴黎競賽畫報》（Paris-Match）上的一篇天真的文章《全民佩戴口罩改變了一切》，他寫道：

1　弗朗索瓦·海斯堡（François Heisbourg），1949 年出生於倫敦，其父親是一名盧森堡外交官。1977 年他畢業於國立行政學院，隨後開始在法國政府任職。2001 年，他成為戰略研究基金會主任，該組織隸屬於國防部。1987 年，他同時進入英國國際戰略研究所工作。這足以說明這些智庫之間的複雜關係。他自詡為政治 - 軍事領域衝突的權威專家。我們有理由懷疑他任職機構的獨立性，因為這些機構依附於美英，實際上是北約的政治宣傳工具。傑里米·斯塔布斯和弗朗索瓦·海斯堡屬同一個思想流派，保守主義和新保守主義派，因此他們持反中反俄的論調也就不足為奇了。

2　尼古拉·考蘭（Nicolas Colin），生於 1977 年，專欄記者。他曾經在法國政府擔任要職。從國立行政學院（2004—2006 年）畢業後，他成為法國財務稽核。這段經歷令他成為法國國際廣播電台的領導之一。這種混亂的身份在中國是不可能出現的。

3　指畢業於國立行政學院的精英。——譯者注

4　帕特里克·伯奇（Patrick Berche），出生於 1945 年，他的職業生涯從住院醫師做起，數年後成為奈克爾醫院細菌科主任，隨後 2004 年參與創建了巴黎—笛卡爾藥學系並擔任主任（時任法國總理是拉法蘭）。2014—2018 年他擔任里爾市巴斯德研究所所長。他的履歷並不足以支撐他有資格來批判中國的衛生政策和治理體系。

"新冠疫情大流行中最可信的數據,是由各國公佈的死亡數據,不過當然我指的是那些民主國家公佈的數據,有一些國家為了政治原因而存在數據造假(比如巴西和中國)。他們這麼做是為了避免暴露他們的公共衛生資源的匱乏。怎麼可能相信一個擁有 14 億人口的國家,只有 4643 個病例死亡呢?⋯⋯值得注意的是,距離中國最近、與之有著密切聯繫的東南亞國家自疫情暴發以來,民眾一直佩戴口罩,死亡率很低。"

要知道帕特里克・伯奇是馬克龍總統緊急成立的著名的科學委員會的成員。然而他近期的言論中卻存在不少謊言。東南亞國家並不是在任何情況下都強制全民戴口罩,他們是根據中國的情況作出調整。他們在中國供應鏈的保障下,貫徹早檢測早發現早治療,他們自願使用中國的藥品和檢測方法,從而避免了一些大型藥企的斷供情況。

在法國,幾個月之後,我們還在討論病毒的社會傳播是否快速(這個標準很可笑,因為沒有對比),病毒的危險性是不是不大(尤其是當我們了解到死亡病例大多數都是因為有基礎病,比如糖尿病)。關於實驗室的爭論也沒有結束。很長時間以來,這些都是報紙和電視上天天談論的話題,我們都深受其害。所以在這種被連篇累牘的信息轟炸的情況下,我有自由去選擇注射疫苗的人權麼,在哪呢?

帕特里克・伯奇巧妙地避開了一個問題:亞洲人的醫療衛生條件和整體社會偏年輕化的現狀對死亡數據有一定影響。可能需要提醒他一下,新冠疫情暴發之前這幾年,美國人的人均壽命就一直在下降。而越南社會的平均年齡是 31 歲。所以美國是受到疫情影響最嚴重的國家是符合邏輯的。考慮到中國的人口結構，沒有任何證據證明中國在撒謊。為什麼我們的媒體對中國和印度的態度區別如此之大？這意味著什麼？

　　印度的衛生狀況人盡皆知。我們甚至可以說除了新德里和泰姬陵，這個國家給人的印象坦白說就只剩髒亂差了。2021 年 4 月，也就是新冠疫情暴發大概一年多後，12686049 名印度人被感染，但是其中 11732279 人被治癒。在醫療衛生狀況如此之差的人口大國，新冠疫情死亡率保持在 1.3% 的水平。

　　2021 年底，西方媒體不再談論印度了，因為印度不僅研發了自己的疫苗（輝瑞製藥的市場化策略泡湯了），還將死亡率維持在了較低的水平，可以說遠遠低於美國的大批死亡。所以結論很清楚了，印度政府在疫情治理上比美國政府和法國政府做得都要好。但是令人惱火的是，即便這樣，我們仍舊認為自己是世界上做得最棒的！還要說明一點，我們的媒體並沒有像指控中國一樣，去指控印度撒謊。

　　我還能舉出大量英語媒體和法語媒體羞辱中國的報道。這些報道不僅沒有讓我們更加了解中國，反而讓我們更看清楚了西方的價值觀和西方政客的思維。所有的這些批評看起來都更像是一種詛咒，而不是事實，所有的報道都帶有愚蠢的種族主義的烙印。

　　在傑里米·斯塔布斯、弗朗索瓦·海斯堡、弗朗索瓦·多西瓦爾、尼古拉斯·柯林、帕特里克·伯奇等人看來，中國的問題很嚴重，因為統治中國的是一個信奉共產主義的黨派，中國共產黨。

　　傑里米·斯塔布斯批判中國的三件事。首先是執政太久。這確實是事實，但他怎麼沒有因此批判英國保守黨呢？英國保守黨可是有著幾百年的歷史。為了保證保守黨執政，鮑爾斯·約翰遜可沒少撒謊。但是傑里米·斯塔布斯絲毫沒有因此惱怒，因為他自己也是保守黨的一員。當鮑爾斯·約翰遜的言論與前保守黨領袖特蕾莎·梅（Theresa M. May）[1] 完全相左時，傑里米·斯塔布斯也沒有表示憤怒。

　　怎麼評價我們的總統的新黨派——法國前進黨呢，可以說這個黨派只有一個目標，那就是壟斷權力，讓黨派首領一直坐在總統寶座上，因為我看不到他們除此之外有任何其他熱衷的事情了。這個黨派通過了限制醫療衛生預算的決議，減少了巴黎的大醫院和外省婦產科醫院的數量，而為什麼做出這個決定呢，就像迪迪埃·拉烏爾（Didier Raoult）教授[2] 所說的那樣，是基於一個"無價值的"調研。幾個月之後，事實強有力地證明了政府官員和議員們在這件事情上犯下的嚴重錯誤。

　　再來看看壟斷美國權力的兩大黨派，民主黨和共和黨，我不是搞意識形態對立。像特朗普這種參加選舉之前沒有任何經驗可言的政治素人，都能成為候選人，說明了這兩個黨派都只追求一個目標，那就是不惜一切代價得到權力。

　　如果想要壟斷權力是一種糟糕的行徑，那麼這是所有人的通病，

1　特蕾莎·梅（Theresa M. May），1956 年出生於英國伊斯特本，2016 年至 2019 年擔任英國首相。

2　迪迪埃·拉烏爾（Didier Raoult），1952 年出生於塞內加爾的達喀爾，傳染病學科的專家，格林獎獲得者。

而不僅僅適應於中國。這給其他人提出了一個問題：權力是目的還是手段。馬來西亞前總理馬哈蒂爾‧穆罕默德（Mahathir Mohamad）[1]長期掌權，為馬來西亞發展兢兢業業。但是這不能阻止西方記者將其描述為暴君，並且不停地思索他什麼時候會下台。而他辭職之後，馬來西亞在各個領域的發展都在倒退，精英們的腐敗問題也越來越嚴重。

傑里米‧斯塔布斯等人說的也不對，因為確切來講，中國並不是一黨制國家。很多人會忽略這個事實，在 175 位全國人大常委會委員名單中，中國共產黨只佔據了 121 個席位中，相當於 69% 的大多數。這遠遠不是傑里米‧斯塔布斯寫的那樣："一黨專政的列寧主義體制。"為了更清楚明白這件事的邏輯，我們可以回想一下馬克龍總統當選時的得票率：66.1%。我們可沒有人說法國陷入了專制，沒有人說馬克龍總統領導的是一黨專政的列寧主義體制，儘管他用盡一切手段，避開議會的反對，來實施自己的政治理念。

然而法國媒體立馬告訴我們：中國的人大常委會就是做做樣子，什麼作用都沒有。斯塔布斯和顧德明這些人說道："他們的所謂議會跟我們的可不一樣！"

真的嗎？這讓 2987 位五年一次被選出來的人大代表怎麼想呢？我們不給他們辯解的機會。來自法國的、英國的、荷蘭的、德國的代表們，來自美國國會的議員們，甚至來自中國台灣的代表（我們很願

---

1 馬哈蒂爾‧穆罕默德（Mahathir Mohamad），生於 1925 年，1981—2003 年和 2018—2020年擔任馬來西亞總理。

意這麼說），都可以隨意回答或者撰寫關於中國的任何事情，即使歪曲事實也不會受到任何處罰。我們都是專業的，而他們都很業餘，更何況他們還是共產主義分子呢。雖然不全是吧，不管了。中國人都是一樣的。

中國的 2987 名人大代表會怎麼看法國國民議會特殊的第 61 條呢，根據這個條款，"議會根據實際人數來審議和制定日程"。換句話說，法國議會在投票決定是否通過某項法律和法案時，對必須參加投票的議員人數並沒有法定最低人數限制。這就導致了很多會產生重要社會影響的法案，比如生物倫理學的法案（PMA 醫學輔助生育法案）最終以 60 票支持、37 票反對、4 張棄票獲得通過。

更糟糕的是，大多數人還在為這種冠冕堂皇的民主鼓掌，這所謂的民主意味著只有 10.4% 的議員就決定了一項重要法案的通過。這種事情就發生在法國。

從 2012 年開始，法國一共有 1225 個法案獲得通過，這其中就有 65% 的法案只有不足百名議員參與投票（議員總數是 577 人）。即使是國家緊急狀態也無法喚醒他們。因此權力就這樣全部讓渡給了政府，議會幾乎放棄了對政府權力的監督。緬甸被軍政府控制宣佈全國進入緊急狀態時，法國只有 103 名議員參與了投票，這個人數還佔不到全部議員的 20%。啊！這就是我們宣稱堅持的神聖的第 61 條款。

我們可以看看周圍，英國沒有法國的這種現象，在英國只有到場的議員能投票而且到場議員有法定最少人數規定。同樣，美國議會和德國議會也不會出現法國的這種情況。當然了，我們得提醒一下我們的記者和非政府組織，中國也沒有這種現象。

在中國，與行政機構級別對應，人大機關也分三個級別（中央、省、市），這裏沒有將縣和鄉鎮兩個級別算進去。在每一個級別中，我們都能看到與我們的"民主"體制相似的爭鬥和缺點，以及一系列相似的後果，這本身就是人性使然。因此，2016 年曝出了中國遼寧省的拉票賄選案 —— 遼寧位於中國東北部，鄰近朝鮮，人口約 4300 萬，在這個案件中，45 名代表因於 2013 年拉票賄選被開除。[1]

這些代表從此之後失去了選舉和被選舉權，這還算是幸運的。他們只是失去了政治權利。2000 年，有個全國人大常委會前副委員長被判處死刑，因為他收受賄賂高達 4109 萬餘元（約為 500 萬歐元）。在法國，我們還記得，現任憲法委員會主席法比尤斯（Laurent Fabius）、波爾多前市長阿蘭·朱佩（Alain Juppé）[2]，還有前總統弗朗索瓦·密特朗和雅克·希拉克都曾經官司纏身。在法國，這種惹上官司但最後還能全身而退的政客很多，可以列出一個長長的名單。甚至像阿蘭·卡里隆（Alain Carillon）[3] 這種因為腐敗而被判處三年有期徒刑的人，此後還可以繼續從政。

1　2016 年 9 月 17 日，遼寧省第十二屆人民代表大會第七次會議籌備組發佈公告稱，遼寧省第十二屆人民代表大會第一次會議選舉全國人大代表過程中，有 45 名當選的全國人大代表拉票賄選，有 523 名遼寧省人大代表涉及此案。——譯者注

2　阿蘭·朱佩（Alain Marie Juppé），生於 1945 年，1995 年到 1997 年 5 月期間曾擔任法國總理，2010 年 11 月出任薩科齊政府的法國國防部部長。

3　阿蘭·卡里隆（Alain Carillon），生於 1949 年，1983 年至 1995 年擔任格勒諾布爾市市長，1995 年因貪腐罪被判處四年有期徒刑，剝奪被選舉權五年。2020 年，他重新擔任格勒諾布爾市顧問，並野心勃勃地準備重新當選市長。在中國，這種政治生涯不可能存在。

在中國情形則不同，這些政客會像我們小時候玩的航海打仗遊戲似的：一旦觸犯規則，就徹底失敗。在法國很少有這種情況。

人大代表選舉出 175 名全國人大常委會委員，其中中國共產黨佔了 69%，屬大多數。不屬全國人大常委會委員的人大代表分佈在各個省人大，這相當於一種權利聯邦制。[1] 全國人大每年召開一次全體會議，因為只有到場的代表才能參與投票決議，因此除非有特殊原因，比如身體原因，所有的代表都會悉數出席大會。

這種結構與法國和英國的都完全不同，但是與德國的相似，德國全國有 16 個省，每個省都有自己的議會、代表和憲章。這也是為什麼德國很少以各種理由無端地指責中國和俄羅斯，表現得比法國同僚更加克制和理性。

第二條批評，也是傑里米・斯塔布斯與其同伴反覆用來誣衊中國的，那就是他們聲稱中共對所有國民，尤其是穆斯林群體實行奧威爾式的監視，使人民深受其害。

但這種說法與我在中國所感受到的完全不符。我從 35 歲起就開始在中國旅行。2019 年，我在中國旅行了三次：第一次是在六月，我開著一輛 1973 年產的延森攔截者跑車（Jensen Interceptor），從北京前往呼和浩特，這是內蒙古自治區的首府。這個自治區與蒙古國和

1　作者在此解釋得並不充分，中國的全國人大代表由各省、自治區、直轄市人民代表大會和中國人民解放軍在全國人民代表大會常務委員會的主持下選舉產生。省、自治區、直轄市、設區的市、自治州的人大代表由下一級人民代表大會選舉產生。不設區的市、市轄區、縣、自治縣、鄉、民族鄉、鎮的人大代表由選民直接選舉產生。各級人大代表受原選舉單位或選民的監督。—— 譯者注

俄羅斯接壤；第二次是在十月，我從老撾穿過中國西南省份雲南，前往香格里拉（云南），我開著一輛老舊的 1979 年產 911SC 款保時捷，跋涉了 6000 公里；最後一次是在年底，我在深圳及其周邊地區慶祝新年 —— 我有十年沒去過這座城市了。

我找不到任何證據來證明傑里米·斯塔布斯所說的，我在中國沒有見過他口中的被監視的受害者。我們在邊境綫附近見到了警察，他們給我們發放中國臨時駕照和中國車牌，當然車牌也是臨時性的。北京的一切都很現代化，但是在雲南換證的地方，頗有 20 世紀 70 年代的感覺：在熱帶雨林掩映下的棚屋裏，配置了一些收集信息的電腦。我們被裹挾在一群前來接受汽車檢查的中國人中間，就像在法國一樣，邊境地區肯定都有例行檢查。氣氛略顯緊張，但是都很隨和，完全不像傑里米·斯塔布斯說得那樣，他所說的都是自己憑空想像出來的，與事實完全不符。

坦白地講，當人們說"警察國家"時，我其實首先會想到法國。每次一進法國，隨處都可以看到警察。這種現象稀鬆平常，以至於人們經常和開著車的警察發生衝突，這種情形在中國不存在（除非執行一些特殊任務的時候）。每次只要宣佈進行監控管制的時候，隨後法國內政部部長就會自豪地公佈開出了多少張罰單。曾有一個星期內進行了 1738907 次監控和管制，一天內開出了 22574 張罰單！這還只是開始。隨後政府掩蓋了這種對全體人民的"監視"，但這種監控其實仍在繼續，並且在 2021 年 3 月份持續加強和發酵。

根據審計法院所說："要一下子算清楚每年警察能開出多少罰款

幾乎是不可能的。"

這是個不同尋常的事件，因為我們談論的是一筆超過 20 億歐元的賬單。我認為，從這筆金額巨大的罰單來看，其實法國公民才是實實在在的奧威爾式監控的受害者，當然這些要拜議員們所賜，因為這些監控都是根據他們投票通過的法案進行的。

我在中國從未見過這麼多的罰單。我們見過道路監控，那是在中國和越南邊境一段即將完工的高速公路上。當然，中國確實有數不清的攝像頭和數據資料收集，但這些有的是出於經濟目的，有的是為了追蹤犯罪，總之針對的絕對不是公民。

我在這裏要談談著名的中國社會契約。我們的媒體經常告訴我們中國的許多做法是侵犯自由，而支持他們論據的其實是一些經過處理和剪輯的照片。首先我想明確指出的是，中國是一個信奉古老司法傳統體系的國家，這個體系以功德和過失為基準。我在另一本著作《衝擊：中國前行（16—19 世紀）》中曾詳細地介紹過這個問題。

我想介紹一本最先將人的行為進行分級的書，這不是一篇人類行為學的論文，僅簡單羅列了人類的行為。這本書的作者是中國道教名士呂洞賓（796？—？），書中以簡單的方式記錄了高尚行為的價值和低劣行徑的代價。我們列舉兩欄，一欄是加分的行為，一欄是減分的行為，在這個基礎上大家來計算人生這本賬目。

這個準則大獲成功。呂洞賓去世之後，他被中國民間當成神仙來崇拜。下面是我摘錄的一些段落：

對父母的言行：

熱愛父母 +1 分 每天

為父母爭光 +50 分

無後 -100 分

優先善待妻子、虐待父母 -100 分

對父母發火 -20 分

不尊重父母 -1 分 每天

其他行為：

諫言 +3 分

幫助他人 +10 分

挽救生命 +100 分

殺人 -100 分

以別人的不幸為樂 -10 分

只關心自己的事情，罔顧社會公益 -10 分

有惡習 -3 分

與同夥分享利益 +1 分

還債 +1 分

　　列表非常長，也非常全面。可以看出這種對人的行為的分類是在鼓勵社會和諧。一個行為是否有價值，完全取決於其社會效果。就像著名的意大利刑法學家切薩雷·貝卡里亞（1738—1794）所說："司法不是宗教的信女，而是社會的女僕。"

如果要講得細緻一些，從這本書中要學的就太多了。此外還有一本著作《四書章句集注》，這本書是宋朝（960—1279）新儒學的主要思想合集，從中可以看出 2020 年中國頒佈的《民法典》的思想淵源，這部《民法典》花了數年時間編撰，其思想內涵竟可以追溯至久遠的中國歷史。在中國人看來，這些給人的行為加分和減分的觀點是合乎邏輯的。但是西方人卻覺得很震驚，因為我們長期以來被宗教和原罪束縛，這種把人的行為分類的法則被讓位給了宗教。

　　說到這裏，我開始思考穆斯林的問題，很多西方人以為這些人在中國可能是被邊緣化的群體。其實，不能把我們對於穆斯林的認知隨意地嫁接到中國社會中，況且我們對穆斯林的認知也僅僅是拿著雙筒望遠鏡觀察中東和阿拉伯半島而得出的結論，那裏的情形跟中國的可能並不一樣。

　　中國的穆斯林要追溯到絲綢之路時代，我們對這段歷史相對熟悉。公元 651 年，阿拉伯帝國將軍賽義德·本·阿比·瓦卡斯（Sàd ibn Abi Waqqas）被奧斯曼·伊本·阿凡哈里發（Othmân ibn Affân）派往大唐帝國朝貢，這被視作伊斯蘭教傳入中國的標誌性事件。今天的中國究竟有多少穆斯林人口，對於這個數據，不少專家之間存在分歧。中國有十個少數民族（佔了這個國家少數民族人口的 20%）信奉伊斯蘭教，也就是漢族之外有十個民族信奉伊斯蘭教。中國的回族人口接近一千萬，其中大部分人都是穆斯林，屬伊斯蘭教遜尼派。雲南省也有穆斯林，我們在旅行的路途中到處都能看到清真寺。

　　話題再回到傑里米·斯塔布斯對中國的另一項指控，他告訴我們，中國共產黨在"麻痺"人民，中共的第二個目標是推行地方霸權，"吞併"香港和"民主國家"台灣。

香港和台灣，且不說民主不民主，我若沒有搞錯的話，這兩個地方本來就是中國的領土，所以問題不在於媒體報道的是不是事實，而在於使用"吞併"這個詞是不是合適。從 1990 年開始，香港就是中國的衛星城一樣的經濟體。香港是世界著名的深水港。香港的貿易多年以來就是進口大於出口了。2019 年，香港對美國的出口貿易額達到了 4.77 億美元，而美國對香港的出口貿易額是 660 億美元。

我們也很難得出中國需要"吞併"香港的結論，香港地區的貿易對中國（內地）來說份額已不那麼大。中國也可以繞過香港找到另一個港口來替代，到時候損失慘重的只會是香港。台灣的情況更是如此。

中國排在首位的抱負是實現全面脫貧。就拿歐洲人可能從來不會談論的雲南省來說，這裏遍佈高架橋和隧道，令人印象非常深刻。這個邊遠省份被發源於喜馬拉雅山麓的河流分割得零零散散，遍地都是幽深的峽谷。兩個面對面的村子以前要花費幾個小時才能到達對面，而次年峽谷上將架起一座橋來聯通這兩個村子。這樣做，國家內部的貿易就加強了。毫無疑問，如今雲南這個中國邊緣省份的經濟增速已在中國國內名列前茅。

雲南省北盤江沿岸的都格村、龍崗村和普立鄉都實現了脫貧，我們的媒體為什麼從來不報道這些？

在我前往香格里拉的長途跋涉中，遇到了一個導遊，她的父親是雲南省某地的工程師。她告訴我，父親說自己從來沒有這麼開心過，他和隊友們一起，不斷地到處勘探、安置井架、挖掘溝渠，工作熱情堪比法國外交官斐迪南·德·雷賽布（Ferdinand de Lesseps）開挖蘇伊士運河時迸發的激情。相形之下，在歐洲，我們很長時間以來一直沉溺於空想，通往都靈的運河至今都沒有完工就是一個證明，我們事實上正在經歷著一種結構性的衰退。

在這方面，華為的故事特別具有象徵性。這家公司是特朗普最想摧毀的頭號對手，因為在美國看來，華為威脅到很多處於壟斷地位的美國公司的利益，比如市值接近 3 萬億美元的蘋果公司（三年前還只是 1 萬億美元，隨後是 2 萬億，如今已經是 3 萬億了！到底發生了什麼？是特朗普的原因？還是拜登使然？）。歐洲也掉進了陷阱，甚至像法國的 Orange 電信集團也以損害自身發展為代價，開始參與抵制華為的行動。最終，並沒有證據表明華為在其手機和計算機服務器上安裝了"後門"，而法國的 Orange 電信集團卻因為這次抵制，令價值 100 億美元的工業投資煙消雲散，而這一切僅僅是為了取悅美國。

我們的電信系統，在法國農村地區表現得尤其差勁，起碼落後了十年。這是誰的錯？顯然這跟中國沒有關係。相反，消費者是犧牲品，他們成了那些被政府保護的公司的人質了。

我們還忽略了一個細節，那就是手機最大的市場是在中國。即使不能把手機和基站賣到加利福尼亞州和德克薩斯州，華為仍舊可以生存下去：只需要回歸中國本土市場，與其他已經發展得很成熟的中國電信運營商競爭即可。而美國市場的情況不太一樣，這是一個被賣家

（蘋果公司、微軟、谷歌和亞馬遜）控制的市場系統。

我自己就使用華為手機，而且辦理了中國移動運營商的"漫遊"業務，因為我住在香港。這比法國的 Orange 卡更好用，費用大概是每月 40 歐元，可以在全球各地無限制地使用流量，最重要的是，可以在所有的電信網絡使用，因為在中國，包括整個亞洲，所有網絡都被要求必須實現互聯互通，而在法國不是這樣的。事實上，中國移動可以適用法國所有網絡。

傑里米·斯塔布斯等人還告訴大家，中國審查一切。隨著特朗普在推特、谷歌等平台上的賬號被封禁，對中國言論審查的無端抨擊也被打臉了。其實中國的情況有真有假。在全球各地，我們可以使用中國移動網絡進入任何想瀏覽的平台和信息，包括臉書，只是在中國地區，臉書等平台不能使用。

在中國也有很多手機應用和平台，必要的時候會採用跟臉書一樣的封號措施。中國政府也面臨著和我們一樣的問題。微信剛剛封禁了一個公眾號，因為這個公眾號發表煽動反美的謠言文章。[1] 我們所有人的數據信息其實都被美國的中央存儲器掌握了，因為 Orange 和其他所有運營商使用的都是谷歌和亞馬遜的服務器。

2020 年，中國已經有 9.5 億個手機用戶。看到這個龐大的數字，你就知道華為根本不用擔心破產。我舉個例子來說明一下我們是如何扭曲信息的：一個美國機構分析了 2020 年 1 月到 3 月中國手機的包

1　2020 年 5 月 26 日，《南華早報》發表文章稱，一個微信公眾號因為散佈美國使用新冠肺炎患者的屍體製作漢堡包的謠言而被封禁。

月業務，發現這個時期的訂閱用戶數量少了 2100 萬，便得出結論說有數百萬中國人死於新冠肺炎，中國撒謊了。這些虛假信息在我們的媒體上傳播了很長一段時間。這當然是假消息。因為大約有四億中國人有兩張甚至三張電話卡，一張是用來在外省使用的。這就是為什麼賣出去的電話卡的總數量超過了 10 億張。

手機包月訂閱服務數量變少了，是因為疫情原因，在這段時間裏農民工不再返城務工。農民工通常會在前往外地工作的時候買一張預付費電話卡便於在當地使用，這樣話費更便宜一些，同時他們也保留著自己在老家的電話卡（這就是為什麼中國在多年以前就推出了雙卡雙待的手機，隨後這種手機被推廣到亞洲和全世界）。到 2020 年第二季度，包月服務訂閱用戶數量很快就漲上來了，到 2021 年末，中國已經有超過 10 億個手機用戶，他們不用臉書和谷歌。

我在中國享受著如此便捷的交流方式，所見所聞讓我很難去認同中國是個集權政府和列寧主義體制的國家。相反，我越來越覺得，法國人民才是一個腐敗政黨的受害者，因為我們是一個很大規模騙局的犧牲品。我在香港訂閱的中國移動服務非常便捷，在世界上一百多個國家通用，費用也不貴，而這種物美價廉的服務，法國人本來也可以享用到，而如今一些議員為了自己的利益，僅僅通過一紙法案就強制用戶們使用其他的服務商。

中國如何治理少數民族？
——西藏篇

西藏面積是法國的兩倍開外。[1] 這個中國自治區有近 320 萬人口（根據截至 2014 年末的統計數據）。參照這個人口密度計算，法國人口將會是 712 萬，而早在路易十四時代，法國人口就已經超過了 3000 萬——是當時歐洲人口最密集的國家。

一直以來，外部邊境綫都是觸發西藏問題的導火索。與印度的邊境綫大部分位於克什米爾地區，該地區一直存在著潛在的戰爭風險。這條邊境綫長約 2000 公里。[2] 西藏自治區與緬甸交界，其中緬甸、泰國、老撾三國邊境的金三角地區，很長時間以來是鴉片的最大產地。西藏自治區與尼泊爾和不丹王國的接壤地帶相對平靜，但是尼泊爾本國並不太平，2001 年發生了著名的王儲槍殺全家的皇室慘案，隨後王儲對準自己的腦袋扣動了扳機，到了 2008 年，這個國家廢除了君主制。

西藏自治區與四個省份相鄰，東部是四川省，西北部是我們隨後還要談到的新疆地區，北部是青海省，東南部與雲南省相接。

2020 年 9 月，我從雲南經過了西藏南部，前去探訪高原上的香格里拉。在詹姆斯·希爾頓（James Hilton）於 1933 年創作的小說《消失的地平綫》出版後，香格里拉便成了一個無數人嚮往的神秘之境，

1　中國的西藏自治區面積為 122.84 萬平方公里，法國本土面積為 55 萬平方公里。——譯者注

2　2020 年 6 月 6 日，為避免小型武裝衝突，中印重啟雙邊會談，簽署條約。近年來，雙方經常週期性地進行這樣的嘗試，但是都沒能取得成果。雙方都擔心維族伊斯蘭恐怖分子的滲透。印度北部邊境從來沒有太平過。和尼泊爾之間的邊境綫上也佈滿清真寺。這正是三個國家擔心的事情。這些清真寺由沙特阿拉伯出資贊助。詳見：https://theprint.in/defence/april-status-quo-discussed-as-india-china-generals-hold-marathon-meeting-in-ladakh/437050/。

那裏有天堂般的寺院。

然而，我失望了，儘管依舊風景如畫——我們身處一個三千多米的高原上，周圍是海拔六千多米的連綿山脈——但如今這裏現代城市密佈，建築鱗次櫛比，並沒有想像中的浪漫村莊和寺廟。

噶丹·松贊林寺在歷經了一場摧毀性的地震後，於 2014 年開始重建。西方媒體並沒有對這次地震進行廣泛報道，因為影響到的人口並不多，而且跟達賴喇嘛也扯不上關係（達賴喇嘛流亡在印度）。我們的媒體只提了一下地震對噶丹·松贊林寺的損害，該寺位於香格里拉以北 5 公里的佛屏山下。真正的香格里拉位於一座名為中甸的小城外面，中甸不是很出名，按照中國的標準，也確實是一座小城，城裏有一條十幾公里長的大街，同時還有幾條四車道的公路，路上就我們幾輛老爺車在奔馳！

松贊林寺令人印象非常深刻，我們抵達的時候正值夕陽西下，運氣真好。整個寺廟披覆著金色的陽光，從幾公里之外就能看到多個寶塔式樣的屋頂閃閃發光。該寺廟建於 1679 年，風格很像西藏拉薩的布達拉宮和普陀宗乘之廟。1767 年至 1771 年間，乾隆皇帝曾下令按照布達拉宮的風格建造了普陀宗乘之廟，落成後有布達拉宮的三分之一大，因此也被稱為“小布達拉宮”。

寺廟的建造日期證明了早在 18 世紀，中國就開始管轄西藏地區。

而到了 20 世紀，媒體卻告訴我們，中國違背當地人的意志，吞併了西藏。這並不是事實。13 世紀中葉，中國（元朝）皇帝為該地區的薩迦派領袖授勳。薩迦派、寧瑪派、噶舉派是當地的三個教派，一直為爭奪土地和農奴（沒有土地淪為農奴）而發生衝突。17世紀時，薩迦王朝陷入部落戰爭（喬羅斯、北庫魯等部落），最後只剩下兩個部落勢均力敵，一個以達賴喇嘛為領袖，建都拉薩，另外一個部落奉班禪喇嘛為領袖。1717年，拉薩被準噶爾大軍攻陷。

西藏被內部的流血衝突搞得疲憊不堪，任何一個部落都做不到獨佔西藏，在這種情況下，清政府派來兩名使臣，帶著軍隊前來維護西藏的和平，保護當地百姓，兩個使臣各自接管了一個部落。由此可見，中國政府管轄西藏的歷史久遠，從西藏的寺廟建築風格也可以看出來其深受漢族建築的影響。

20世紀50年代初，噶丹‧松贊林寺逐漸破敗，僧侶們也都離開了。到了1983年，這裏已經變成一片難以辨認的廢墟，需要全部重建，我在旅行時看到的就是重建後的寺廟。今天，這個寺廟有僧侶700人（都是國家發薪水的），據說在其鼎盛時期，這裏有2000多名僧侶。

提到西藏，很多人都會想起達賴喇嘛，但這個人對西藏的發展其實並沒有起到什麼正面作用。再說說壓迫西藏人的問題，在過去，每當發生某些大事情時，就會有人站出來指控自己被壓迫，但這些人通常是某個僧侶或者某個非平民人士，別忘了，西藏問題和維吾爾族的問題一樣，其實都是某些人出於政治目的而刻意製造出來的。這裏我說"在過去"，是因為西藏問題如今正日漸淡出視綫，因為製造這個問題的主角正在慢慢地離開歷史舞台，如果沒有了這個主角，西藏問題便不復存在。

這也令我想到了我們經常談論的安哥拉。1975 年，安哥拉爆發內戰，直到 2002 年戰爭製造者若納斯・薩文比（Jonas Savimbi）去世後，內戰才結束。所以要等到達賴喇嘛去世，關於西藏的政治爭論才會平息。達賴喇嘛生於 1935 年，2014 年 9 月 7 日接受德國媒體採訪時表示，他將是最後一位達賴喇嘛，達賴喇嘛這一宗教制度將會伴隨第十四世達賴喇嘛而終結。事實並非如此，靈童轉世是藏傳佛教的傳統儀軌，有著數百年歷史，中央政府不會廢除這個傳統的。中國若真想這麼做，不需要等到現在，因為以前清政府就以協調者的身份管轄這裏，當時（從 1624 年起）西藏被三大領主統治。[1]

很少有人知道的是，現任第十四世達賴喇嘛丹增嘉措並非出生於西藏，而是出生在中國的另一個省份。後來，他成立 "西藏流亡政府"，2011 年宣佈退休，不再擔任流亡政府的首領。不過丹增嘉措只是在做表面文章。1952 年，17 歲的他就離開了西藏，中國政府提出讓他回到西藏，條件是他要像班禪喇嘛一樣，承認西藏地區實行政教

---

1 對西藏在民主改革前地方政府（官家）、貴族、寺院三大類農奴主的概稱，當時西藏的農奴主階級由宗本（宗即縣一級地方行政官員）以上的官員、貴族、寺院上層喇嘛和他們的代理人共同構成，佔總人口數的 5%，佔有西藏的全部土地、山林、湖泊、牧場以及絕大部分的牲畜、農具、房屋和其他生產資料。——譯者注

分離。[1] 法國是在 1905 年將教會和政府分離的，大家都認為這不是一件壞事。

達賴喇嘛與中央政府談判的餘地是很小的。1997 年，他的顧問和朋友，70 歲的洛桑嘉措在自己家中被殺害，同時被殺害的還有兩個僧侶。印度警察將這起謀殺歸罪於在英國的藏傳佛教的一個派系——多傑雄登派（Dorgé Shougden）的信徒，理由是這個宗教分支的領袖與達賴喇嘛之間有爭執，因為後者與中國政府可能在進行談判。需要指出的是，很長時間以來，很多衝突已經跟宗教無關，要知道 50 年間裏，藏傳佛教達賴喇嘛的這一分支已經成為巨富，其財產被很多人覬覦[2]。

中國政府的訴求是有憲法的法理依據的。他們沒有什麼詭計，也不是為了鎮壓藏族人。羅馬方面也給予了承認。2018 年，羅馬天主

---

1 藏傳佛教中存在一種等級制度，其歷史可以一直追溯到封建時代。有些人將班禪喇嘛看做背叛者，因為最初班禪喇嘛由達賴喇嘛指定，後來班禪喇嘛開始按照中央政府的金瓶掣籤制度選定繼承人。西藏流亡政府（和西方媒體）對此表示詬病。沒想到造化弄人，後來達賴喇嘛也遭遇了厄運，1986 年，年僅 14 個月大的西班牙男孩奧塞爾·伊塔·托雷斯被達賴"認定"為 1984 年在美國加利福尼亞州圓寂的益西喇嘛的轉世靈童，男孩被送去西藏寺廟裏修行，成年後卻逃走了，並控訴自己在寺廟裏的痛苦生活。這個年輕男孩並沒有宗教信仰！此後，達賴喇嘛放棄了指定轉世靈童的做法。此次遭遇後，他又經歷了周圍親信被殺，這一切令他心灰意冷，離開了在印度的寺廟。如今，沒有人知道誰在掌管著他的教眾。

2 瑞士已有歐洲最大的"流亡藏人"的社區，除此之外，還有列支敦士登。70 年代的時候，"西藏流亡政府"不斷發展，當時瑞士和列支敦士登這兩個地方是避稅天堂。因此，達賴喇嘛的資產主要隱匿在這些地方，當時主要是以實體資產的形式，比如他在各個國家都有房產。詳情可參閱網站：http://www.valeursactuelles.com/monde/la-face-cachee-du-dalai-lama/。

被西方誤讀的中國

教宗與中國簽署了主教任命協議，教皇方濟各終於承認由中國政府任命主教，而不是由教廷來決定。[1] 這是經過了幾百年的歷程才走到這裏，標誌著一位訓練有素的耶穌教會士（教皇方濟各是耶穌會士）改變了另一位耶穌會士利瑪竇在此地開啟的傳統。[2]

我們不爭論神學的事情了。我們簡單地聚焦到另一個問題上。西藏人口雖然不多，但是看起來似乎也不算一個人口瀕危的民族，為什麼圍繞西藏的問題一直被大肆宣傳？

說到這裏，我們需要追溯一下歷史。18 世紀時，英國人就想佔領西藏，把中國人從這裏趕走。英國人感興趣的是茶葉生意，佔領這裏可以同時繞開廣州口岸（鴉片戰爭之前）。英國人失敗了，於是又轉向備選計劃——炮擊廣州……後來發生的事情我們就知道了。1904 年，英國入侵西藏。達賴喇嘛逃亡蒙古國。

那個時期，我們在英國和法國的媒體上很少會讀到關於西藏的報道，不像今天這樣，頭版頭條充斥著這類標題："這是醜聞，西藏佛教徒正面臨被害的危險"。1906 年，沒落的清政府被迫與英國簽署貿易條約，實際上是承認英國對西藏的佔領，這其實更說明了一個事

---

1 2018 年 9 月 22 日，教皇方濟各（Pope Francis）簽署了一份歷史性的協議，梵蒂岡政府承認了中國政府任命的 7 名主教，還有一名已經去世的主教也被追認。中國設有一個叫宗教事務局的機構，天主教在中國和其他教派享有一樣的待遇。

2 關於耶穌會在中國到底扮演了什　角色，見諸很多作品中的闡述，比如《衝擊：中國前行（16—19 世紀）》（塞爾日·貝爾蒂著，2013 年）一書，另外還有很多其他作品，其中最著名的是澳大利亞學者、教會史家魯保祿發表於 1986 年的《孔子還是孔夫子？耶穌會士對儒家的闡釋》。

實，即西藏過去就是被看做中國的一個省份（這也證明了西方媒體在1952年發表的報道是假消息，當時媒體聲稱中國入侵“一個獨立國家”西藏，導致了西藏領導人的逃亡！）。

1900年至1949年間，中國備受摧殘，1949年成立了今天的共和國（成立之初就一直被西方抵制）。茶葉如今也不是珍貴物品了，東印度公司也成為歷史的塵埃，但是有些人又開始打新的主意，由於西藏的地理位置和高海拔，它依舊受到很多覬覦。

那個時候，各國軍事機構都在研發新型破壞性武器，尤其癡迷於火箭的研發（當時還沒有研發出遠程導彈）。工程師們藉助發動機的功率將火箭發射到空中，在這個領域，兩個因素尤為重要：一是定位，這與緯度相關；二是起飛，這受重力影響。根據公式，一個火箭發動機能耗越小，那麼射程越遠。英國和美國選擇了最合適的位置，西藏滿足了所有的條件。

在反對共產主義（領導人分別是斯大林和毛澤東）的戰爭中，西方的執念在於圍困蘇聯，摧毀中國。

在這個龐大計劃中，現任達賴喇嘛的第一個贊助人來自美國中情局。達賴喇嘛出逃之後，中情局每年給他提供50萬美元的資助（對於當時一個年僅17歲的僧侶來說，這無疑是天文數字般的巨款）。要知道中情局可從來不是一個慈善組織，很有趣的是，後來我們就看到了，達賴喇嘛開始時不時地出現在《巴黎畫報》的頭條。他成為一個明星。

在這些煙幕彈背後，有人希望挑起一場戰爭，但是沒有成功。他們試圖指控中國中央政府嚴酷鎮壓西藏人民，但是中國卻採取了完全相左的做法，成本更小，更有實效：他們教藏族人讀書寫字。在達賴喇嘛統治時期，只有僧侶才有資格讀書。西藏人民以前的生活跟我們在中世紀最黑暗的時候差不多，每家最小的孩子必須被送去寺廟裏做和尚，現在緬甸的很多地方還保留著這個習俗，但是中國政府取消了這種做法。

如今的西藏和中國其他省份並無不同。中央政府投入了大量資金，用來在當地架橋和修路，包括公路和鐵路。拉薩和北京之間有了鐵路，這在技術上是個突破，因為這是世界上海拔最高的鐵路，並且途中要穿過永久凍土層。[1]

批評者指責中央政府毀掉了藏族人的生活方式，事實並非如此。藏族人還是按照自己的意願在生活。2010 年前夕，我造訪一座班禪喇嘛居住過的"小布達拉宮"的時候，恰逢一個自己不知道的佛教節日。相鄰的寺廟裏擠滿了穿著黃色長袍的佛教徒，他們在鍍著金身的巨大佛像面前做禱告。外面也很熱鬧，有人在進行噴火表演，有人在表演雜技，還有小販在兜售飲料和漢堡包。這裏大概有數萬乃至近十萬人，即使在中國，這也算是人數眾多的聚集。他們都是這一佛教分

---

1 拉薩到北京的火車歷時 40 個小時。第一段（西寧—格爾木）建成於 1984 年，長度為 815 公里。第二段是格爾木—拉薩，建成於 2006 年 7 月 1 日，長度為 1142 公里。該條鐵路途經唐古拉山（海拔 5072 米），唐古拉站也是世界上海拔最高的車站（5068 米），修建過程中需要在海拔 4905 米的高處開鑿一段長達 1338 米的隧道，也就是說相當於在勃朗峰上面開鑿出一條 1 公里多的隧道！格爾木—拉薩鐵路段的 80% 都位於海拔 4000 米以上。這條鐵路線全程共架設了 675 座橋，穿過 580 公里的凍土層，將西藏和中國其他省份連接在了一起。這條線路備受遊客青睞，但其真正的用途是用於商貿。

支的信徒。在聚眾如此多的情況下，也沒有出現任何警察，只有寺廟自己的一些人在維持秩序。

在地緣政治問題上，歷史總是不斷演進的。自從洲際導彈發明之後，西藏的戰略意義也不存在了，因為洲際導彈可以從潛水艇或者任意平地發射。當然，現在還有散居世界各地的"流亡西藏人"，[1] 我想印度政府會對此感到尷尬。

"流亡"的西藏人也讓我想到了越南戰爭後散居世界各地的南越（越南共和國）人，他們被遣送去加利福尼亞州，而如今他們的子孫輩們大部分都回到越南生活了。

---

1 "西藏流亡政府"的據點位於印度北部的小城達蘭薩拉，達賴喇嘛在那裏修建了一座有500個床位的宿舍，用來安置"難民"。只有一個問題：即使是來的人最多的日子，也只有區區 60 人 —— 這些人的未來在哪裏呢？達賴喇嘛昔日在印度擁有 20 萬教眾，如今只剩下 8 萬人 —— 這邊的人數在急劇　減少，相形之下，西藏的人口在這些年裏一直平穩增長。

中國如何治理少數民族？
——新疆篇

談及中國，人們動輒就指控中國虐待新疆少數民族維吾爾族人，然而，這一指控並不被伊斯蘭合作組織（Organisation of Islamic Cooperation）[1] 認可。在西方媒體中，達賴喇嘛的版面逐漸被新疆問題所佔據。我們從中可以看到，宣揚中國的陰暗面彷彿已經成了西方媒體的一種習慣性操作。在抗擊新冠疫情中，西方媒體也採用美國方面散播出來的信息，一味地抹黑中國。

維吾爾族人居住在中國西北部，歷史上是遊牧民族，他們遊牧的地方多是廣袤的大草原，周圍被山脈包圍，很像如今蒙古國、哈薩克斯坦和吉爾吉斯斯坦等地，以及巴基斯坦的北方，總之，是偏遠地區的草原地帶。換句話說，那些地方環境艱苦，比較值錢的是地下礦藏和地理位置。蒙古國主要依靠礦產為生（利用得一般），中國內蒙古地區主要依靠石油和天然氣（開發得很好），當然不要忘記還有羊群和棉花。除了傳統礦產外，這裏還有稀土礦，就像我們現在經常說的，中國稀土儲量世界第一，而稀土是電子工業和軍工產業必不可少的原料。

新疆自治區地處偏遠、群山環繞，烏魯木齊作為其首府，跟內蒙古的呼和浩特（20 年前，還是一個小鄉鎮）一樣，如今已成為一座現代化的新城，然而新疆地區最出名的城市還屬喀什，它從古代開始便是絲綢之路上著名的商貿集散地。

只需要列舉幾個數據，你就能知道新疆地區在地緣政治上的重要

1　伊斯蘭國家政府級的區域性政治組織，其秘書處設於沙特阿拉伯的吉達，最高權力機構為伊斯蘭國家首腦會議。——譯者注

性了。新疆是一個自治區，面積有三個法國那麼大，與蒙古國、俄羅斯、哈薩克斯坦、吉爾吉斯斯坦、塔吉克斯坦、阿富汗，還有巴基斯坦的一小部分地區接壤。烏魯木齊距離喀布爾只有 1850 公里，比距離很多中國城市都要近，比如烏魯木齊距離廣州 3284 公里，距離北京、重慶、上海、香港分別是 2480 公里、2300 公里、3200 公里和 3480 公里。

火車班列從這裏穿過阿拉山口，經過哈薩克斯坦，通往歐洲和俄羅斯。2020 年全年，有 12400 趟火車穿過這裏去往歐洲和俄羅斯。兩年後，多達 40000 趟火車經過新疆開往了歐洲。這是很龐大的運力，相當於 63 個巨大的集裝箱貨船。如今，歐洲各個經濟體遇到困難，尤其是普遍面臨庫存不足的問題，這些火車的運輸量還在以每年 40% 的速度增長。從這些就能窺斑見豹，了解到新疆地區的經濟活力了。

這些成就也解釋了為什麼美國希望在該地區製造混亂。因為美國對一些中國海域的封鎖已經宣告失敗，這是二戰末期常用的過時戰略。

新疆自治區有大約 2600 萬人口（法國有 8000 萬到 9000 萬人口），根據中國官方數據統計，[1] 其中三分之一是維吾爾族人。我之前寫過一本關於中國的書（很遺憾，在法國沒有出版發行），裏面有一些關於少數民族的內容，盤點了一些人類學家的統計。根據這些數

---

1 我很推薦遊覽民族文化村，每個民族的標誌物前面都有一塊木板，上面寫著這個民族的分佈區域和人口數量。

據，中國有 56 個民族。

作為遊牧民族的維吾爾族人，多信奉伊斯蘭教，謙遜且好客，在 1949 年和平解放後人口開始大增。中國政府鼓勵少數民族生育，獨生子女政策也從未要求少數民族去遵守。

以前西方沒有人談論維吾爾族人，大家關注的是達賴喇嘛，後來一名美國法官將這個民族帶入了大家的視野，西方媒體才開始談論維吾爾族人的話題。當時是 2006 年，這名法官要求釋放關押在關塔那摩監獄的 17 名維吾爾族人，他們是在阿富汗被捕的，被指控為塔利班分子。需要明確的是，這些維吾爾族人，其實是土耳其人。土耳其總統埃爾多安將這些人視為親兄弟，要求遣返。

五年後，終於搞清楚了，關塔那摩監獄的維吾爾族人不是普通的戰俘。當阿富汗戰爭爆發的時候，他們沒有逃去中國，而是去了巴基斯坦邊境，巴基斯坦人將其抓獲，賣給了美國人。但如今很多人卻以為他們是從中國來的。

為了幫助他們脫罪，律師聲稱他們是從中國逃出來的，聲稱他們在中國受到了迫害和虐待。沒有人去確認這種說辭是不是真話。隨後大家便知道了，他們屬 1988 年成立的一個極端組織，但不是塔利班，這些人被送往阿爾巴尼亞，如今可能生活在土耳其境內。

這個極端組織鼓吹新疆"獨立",[1] 呼籲一個偉大的哈里發（這讓我們想到了在敘利亞發生的一些事情）。美國資助該組織打擊當時的阿富汗政府。然而後來這個組織就像本·拉登一樣，漸漸脫離了中情局的控制。

生活在中國的穆斯林人口很多，維吾爾族只是其中一個少數民族，為什麼美國單單對這個群體感興趣呢？還是一樣的理由，因為覬覦新疆地區豐富的礦產資源。[2]

"東突厥斯坦伊斯蘭運動"這一恐怖組織（簡稱"東伊運"）成立後，有維吾爾族人生活的地區經常成為他們恐怖襲擊的目標。

最初遇難的幾個平民並沒有引起歐洲媒體的注意，一直到1992年，喀什地區的一個汽車站發生了爆炸事件，歐洲媒體才開始關注。這起爆炸事件造成了三人死亡。1997年的恐怖襲擊造成了九人死亡，2008年又發生了一起恐怖襲擊，造成十三人死亡 —— 這次恐怖

1　今天，"東突厥斯坦伊斯蘭運動"組織已經被聯合國安理會列入恐怖組織名單。其頭目是阿卜杜勒·哈克，普什圖族人，2001年被塔利班處決。美國中情局在本·拉登身上慘敗後，停止了與"東突厥組織"的合作。從2020年開始，這個恐怖組織的大本營設在了伊斯坦布爾。敘利亞揭露（但是誰聽了呢？）在本國內戰中，清點戰場發現的死亡狂熱分子中有"東突"分子的身影。

2　2017年，中國和巴基斯坦簽署了一項協議，旨在建設一條起點在喀什，終點在巴基斯坦瓜達爾港（印度洋上的一個港口）的中巴經濟走廊。中國可以通過經濟走廊從阿拉伯半島進口石油，在卡塔爾提煉，隨後通過該經濟走廊的管道或鐵道運輸到中國，另一方面，該地區的礦產和其他產品可以出口。

瓜達爾港距伊朗僅僅70公里，伊朗可以通過中巴經濟走廊向中國出口產品，而不用再經過霍爾木茲海峽。瓜達爾港完全由中國出資建造，將由一家中國公司運營四十年。這個工程完工後會打開伊朗通往亞洲的大門，打開中國通往阿拉伯半島的大門。

分子參考了歐洲狂熱分子經常使用的一種方法：開著卡車衝向人群，然後持刀在慌亂的人群中亂砍。

新疆有很多礦區，在這裏工作的農民工也成為被襲擊的對象。"東伊運"及其資助者用盡一切手段來製造混亂。2009 年，棉花收割前夕，[1] 需要大量的日工，48 名恐怖分子手持步槍襲擊了人群，超過 500 人受傷被送往醫院。然而，當地百姓的反應並沒有按照東突分子期待的那樣發展，恐慌很快平靜下來，維吾爾族人和農民工們慶祝起豐收。

在接下來的騷亂中，共有 197 人死亡，1700 多人受傷。[2] 中央政府立即處分了烏魯木齊市委書記栗智，因為他對恐怖襲擊沒有任何預判。48 名襲擊者因為恐怖行徑被指控，其中一些被執行死刑，"東突"恐怖組織土崩瓦解。隨後中央採取了一些維護公共秩序的措施，西方媒體卻抨擊這些措施限制了維吾爾族人的人身自由，可大家都清楚這些狂熱分子的危險性之大。

近年來，《紐約時報》披露在新疆有大量關押著維吾爾族罪犯的"集中營"。報道聲稱有證據表明中國在新疆設立勞動收容所，超過一百萬的維族人被關押在裏面。這些信息是各種信息源拼湊而來的，證據是一些航拍照片。他們從哪裏、又是怎樣收集到的這些信息？沒

---

1 從南北戰爭時期開始，美國就一直是全球最大的棉花生產國，而自從印度和中國成為兩個世界最大棉產國之後，美國失去了其絕對優勢地位。中國新疆的棉花以絨長、品質好、產量高著稱於世。

2 指 2009 年新疆烏魯木齊 "7‧5 事件"，這是一起典型的由境內外勢力勾結並策劃實施的嚴重暴力犯罪事件。——譯者注

有人說明。只說來源確定。就像之前那些揭露薩達姆·侯賽因有大規模殺傷性武器的人一樣，聲稱武器被隱匿得極好，只有爆料人知道藏在哪裏。最終，事實證明這一切都是西方臆想出來的。

中國否認存在集中營，但西方只有兩名記者認真地去做了調查。他們是阿吉特·辛格（Ajit Singh）和麥克斯·布魯門塔爾（Max Blumenthal）。這兩人就職於一家名為"灰色地帶"的美國新聞調查網站，該網站曾揭露美國在厄瓜多爾駐英國的大使館內安裝攝像頭，對朱利安·阿桑奇進行監視。美國拒不承認，然後大家就選擇相信美國，因為這畢竟是美國啊。然而，我們也剛剛獲悉了一個千真萬確的消息，一份流傳出來的資料顯示，美國要求引渡阿桑奇。[1]

麥克斯·布魯門塔爾的調查結果是什麼呢？[2]

"所謂不可辯駁的證據來源於兩份非常值得懷疑的研究報告。第一份來自一個受美國資助的非政府組織，該組織成立的目的從其名字就可以看出一二：'中國人權捍衛者'。這個所謂非政府組織採訪了八個生活在中國之外的維吾爾族人，他們都聲稱自己在中國受到了威脅。可這八個人中沒有一個人見過集中營。從 2018 年開始，這家非

---

1 事情的最新進展是英國內政大臣帕特爾於 2022 年 6 月 17 日批准向美國引渡阿桑奇，引發爭議。——譯者注

2 2019 年 12 月 21 日發表在美國獨立新聞調查網站"灰色地帶"（Grayzone）上的文章，作者為阿吉特·辛格（Ajit Singh）和麥克斯·布魯門塔爾（Max Blumenthal）。文章指出：中國關押了數百萬維吾爾族人？如此嚴肅的指控，依據卻來自美國資助的所謂非政府組織和一名極右翼聲稱自己反華是"受到上帝的指引"的原教旨主義基督徒。
2020 年 12 月 3 日，美國國會通過了《2020 年維吾爾族人權政策法案》。在辯論時，共和黨的一名議員指控中國設立大屠殺集中營。

政府組織卻聲稱超過 100 萬人被拘留在‘再教育拘留營’，200 萬人‘被迫參加白天或晚上的再教育課程’。這份報告被提交給聯合國消除種族歧視委員會。這種做法非常荒謬。"麥克斯‧布魯門塔爾強調。

"中國人權捍衛者"依靠來自新疆的八名維吾爾族人的證詞，而這八個人分別來自新疆的八個村莊，其中最大的村莊人口有 3000 多人，最小的人口為 1500 人，總人口數為 17500 人 —— 這就是"中國人權捍衛者"用來推算的樣本，僅佔新疆人口總數的 0.6%；然後根據這八個人的證詞，推算出有 2245 個人受過再教育，也就是樣本人群中有 12.8% 的人接受過再教育，接著又做了如下推算：有 10% 的村民被關進了"再教育營"，還有 20% 的村民被強制參加村裏或鎮裏舉辦的"再教育"，這兩類人加起來佔到 30%。按照這個算法，30% 的新疆人口都被迫害了，這幾乎跟整個新疆的維吾爾族人口數量差不多。

如此兒戲的報告怎麼能令人信服呢？坦白地說，如果我用這種方法去做算術題，會被全班同學嘲笑的，也會被數學教授責令去教室角落罰站吧。

在美國，只要事情是順著自己想要的方向走，我們就會不求甚解。就這樣，美國得出了一個結論："中國以獨裁的方式將 80 萬到 200 萬維吾爾族人、哈薩克族人以及其他穆斯林拘押在集中營裏，強迫他們放棄自己的宗教和民族身份。"

如此看來，根據美國國防部的專家的結論，似乎中國政府只關注新疆的維吾爾族人，可他們只是信仰伊斯蘭教的少數民族中的一部分人而已，如果我們相信美國提供的這個數據（200 萬人），那就是說中國只關注這 200 萬人。為什麼是這 200 萬人，那麼其他人呢？這真是"可悲，可鄙"，就如同法國演員路易·朱維（Louis Jouvet）[1] 在《滑稽戲》裏的這句經典台詞。事情再也清楚不過了，有人付錢給"中國人權捍衛者"——中情局資助該組織，並給其安排任務。

中國給予了強烈的回應，指出設立的一些學習教育機構（職業技能教育培訓中心），目的是預防極端化主義的宗教宣傳，幫助被極端主義吸引的年輕人接受教育。就像在其他國家一樣，馬克龍總統也一再表示需要對年輕人進行教育，甚至必要的時候可以進行再教育。

但是他只說不做。法國很多地方都發生過恐怖襲擊，這些地方也很需要採取類似的預防措施，對此大家毫無疑義。但是我們從來都不會吸取教訓，要知道，現在郊區有成千上萬被社會邊緣化了的年輕人，他們正在被操控被洗腦，義無返顧地選擇去往敘利亞戰場參加所謂"聖戰"。

第二項 "研究" 出自一名叫鄭國恩的極右原教旨主義基督徒之手 [2]。他是美國政府於 1983 年成立的極右翼組織 "共產主義受害者紀

1　路易·朱維（Louis Jouvet）在影片《滑稽戲》（Drole de Drame）裏的一句經典台詞 "可悲，可鄙……"。——譯者注。

2　鄭國恩（Adrian Zenz），生於 1974 年，原名阿德里安·曾茨，是德國極右翼基督教要主義者，他的主張在德國並不受歡迎，因此離開德國前往美國並加入了美國國防部資助的反華機構。他的主張非常簡單：上帝委派給他一項使命 —— "摧毀中國，與撒旦決戰"。這個有宗教幻想的危險人物從此在美國成了座上賓，被邀請參加各種電視節目，頻繁穿梭於美國國會，在《華爾街日報》發表文章，等等。他也成為總部位於華盛頓的一家美國非政府組織的成員，該組織名為 "國際調查記者聯盟"。想要了解更多鄭國恩的履歷，可參見：https://www.legrandsoir.info/un-mensonge-la-Chine-detient-des-milions-d-ouighurs.html。

念基金會"（la fondation des victimes du communisme）的成員。

該機構在成立伊始便是一個冷戰工具。據阿吉特·辛格和麥克斯·布魯門塔爾的爆料，該組織是由美國國防部資助的，創始人之一是烏克蘭極端民族主義分子列夫·多布里揚斯基（Lev Dobriansky），另一個頭目不是別人，正是大名鼎鼎的雅羅斯拉夫·斯特茨科（Yaroslav Stestko）——在德軍佔領烏克蘭期間，此人正是納粹對抗蘇聯的忠實幫手。總之，該機構資助和幫扶極右翼烏克蘭人（也就是新納粹分子），他們在冷戰時期至今一直堅決地反對俄羅斯，被後者認定為敵人。如今，這個組織又將反對中國提上日程。

鄭國恩最初撰寫關於中國的事情時主要聚焦於西藏問題。後來西藏問題日漸淡出人們的視綫，我們在西藏從來沒見過反對中央政府的遊擊隊，於是他轉向了其他議題：維吾爾族人。2018 年，這位研究員在一個新保守主義的極右翼媒體上寫道："我們估計新疆的再教育營裏關押著一百萬名維吾爾族人。"他的信息源是總部位於土耳其的伊斯蒂克拉爾電視台（Istiqlal TV）的一篇報告，文章寫成後用英語發表在了日本的一份週刊上。

這個信息源的最大問題是：伊斯蒂克拉爾電視台並不是一家中立的新聞機構，而是一家位於土耳其的海外流亡維族媒體組織。如今已經 62 歲的中國維吾爾族人阿不都卡德爾·亞甫泉（Abdulkadir Yapuquan）是該電視頻道的常客，此人曾兩次因為策劃發動恐怖襲擊而被中國政府判刑和關押。他是"東突"恐怖組織的領導人，受到中國的通緝後逃走了，先後在巴基斯坦和阿聯酋待過一段時間，目前生活在土耳其。所以對於新疆發生了什麼，我們很難去相信這樣一個信息源，他在 1996 年就離開了新疆，因為他雙手沾滿了鮮血。[1]

土耳其伊斯蒂克拉爾電視台的立場剛好契合了萊蒂蒂亞·阿維亞（Laetitia Avia）[2] 的很多提案，此人是馬克龍的親信，經常發表一些仇恨言論。回想一下，這個電視頻道是不是時常會播放一些極端言論？比如 "中國是個野蠻國家，比猶太人還有褻瀆宗教的人更邪惡"，這句話出自土耳其伊斯蘭宣傳者努爾丁·耶爾迪茲（Nureddin Yidiz）[3] 之口。

2018 年，在一檔反華節目中，土耳其伊斯蒂克拉爾電視台曾發佈過一則虛假報告，聲稱有 68 個村子中的 892000 名維吾爾族人被關押在再教育營中，他聲稱名單是從中國獲取的。中國方面做了闢謠，稱這完全是杜撰，根本不存在這樣的事情。此後，沒人再去研究這個報告，但是該報告產生的負面影響已經實實在在地發生了。

鄭國恩還將報告內容披露給了自由亞洲電台，然而要知道這家電台是由美國中情局於 1951 年創辦的，20 世紀 70 年代時，我們時常能從該電台的廣播中聽到 "南越贏得了戰爭，戰勝了共產主義"（還

1　1973 年，由於參與分裂國家活動，亞甫泉（Abudukadir Yapuquan）首次被判有期徒刑 6 年。1993—1996 年，他二度入獄。他是 "東伊運" 組織的創建者之一。2001 年，他逃亡土耳其。2007 年，他在土耳其獲得該國的政治避難者身份。據美聯社報道，"從 2003 年開始，成千上萬的維吾爾族人經由土耳其前往敘利亞，參加 '東伊運' 的培訓，參加 '聖戰'，他們中好幾百人加入了 ISIS 恐怖組織"。

2　萊蒂蒂亞·阿維亞（Laetitia Avia），法國議員。

3　土耳其語名為 Nureddin Yidiz。

有人記得嗎？）等類似的虛假報道。隨後的事情大家都知道了，這份虛假報告在華盛頓、紐約不斷傳播，然後傳到了法國，變成了"事實"，《世界報》《解放報》和《費加羅報》都爭相報道。

我說得可能有點遠了。但是如果不講明白如今的媒體是怎麼獲取信息源的，讀者們怎麼能知道自己每天讀到的報道是從哪裏來的呢？我們處在信息爆炸的時代，有成千上萬的電視頻道，其中也包括土耳其伊斯蒂克拉爾電視台這種媒體。出於對媒體能力和新聞自由的信任，很多人認為這種電視台上輪番播出的報道肯定是不爭的事實，然而，這其實跟孩子們搭的紙牌房子一樣經不起推敲。所有人都在重複從鄰居那裏聽來的事情，每個人都可以在照片上作弊造假，也包括你的鄰居。

我們能指責中國對維吾爾族人的監控比對其他少數民族的更多嗎？我認為不能。在有些國家眼裏，"維吾爾族"是可以被利用來實現某些戰略目標的，但這不是中國的想法。中國認真地對待和處理這個民族的事務，對此我們應該指責嗎？恐怕也不能。我們的缺點在於，自身所處的社會正變得日益極端伊斯蘭化，但我們卻沒有清楚地看到這會帶來什麼危險。中國卻有這份遠見。二十多年來，中國已經在承受阿富汗戰爭帶來的一些影響和後果。

這個話題我就說到這裏。如果還有人表示懷疑，那我真不知道還能拿出什麼淺顯的證據才能讓他們真正開始思考這個問題。

我們再來聊一聊人口問題。大家都知道中國有一千多萬維吾爾族人，如果這個民族一直在受到壓迫，那怎麼解釋這些年來維吾族爾人口實現了幾何倍數的爆炸式增長？

在法國，跟種族滅絕相關的話題極易傳播，尤其是在我們為種族問題專門立法之後。[1] 我們最新記錄在冊的種族滅絕有：美國的印第安人，土耳其的亞美尼亞人 —— 土耳其為此還跟法國翻臉。如今，我們又在這個名冊中加入了中國的維吾爾族人，就像 20 世紀 80 年代我們談論西藏人一樣。我們被數字遊戲糊弄了：根據我們讀到的媒體消息，有 800 萬至 900 萬的維吾爾族人被虐待，到了 2022 年，這個數據甚至達到了 1100 萬，依據是德法合營的 ARTE 電視台發佈的一個報告，該報告引用的圖片都是從網上直接下載的遊戲合成圖片。

那麼問題來了，維吾爾族人從解放前的約兩百萬人，四五十年裏增長到一千多萬人，這跟種族滅絕政策是自相矛盾的。

我們再舉另外一個民族 —— 滿族的例子作個比較，我們多多少少都聽說過這個少數民族，因為其在 1636 年至 1912 年間統治了中國。在《中國少數民族生活方式》[2] 一書中，我們了解到在 20 世紀 80 年代中期，這個少數民族的人口數量為 429.9 萬（彼時中國總人口數超過 10 億）。到了 2000 年，滿族人口數量增長到了 1000 萬。

壯族一直是中國除漢族以外人口最多的民族。人口較多的還有回族人，他們從波斯來到中國後，分佈在十幾個省份，也包括新疆自治

1　法國官方從 1978 年起禁止在全國人口普查時進行族裔統計。—— 譯者注

2　和平書局有限公司 1991 年版。編輯吳一平。莫福山（藏族）、吳雅芝（鄂倫春族）、蘇發祥（藏族）等學者對本書亦有貢獻。

區，2021 年人口數超過 1100 萬。[1]

有一件事是確定的，無論維吾爾族，還是回族，這兩個民族中的任何一個單獨列出來，都不足以代表如今生活在中國的穆斯林群體。

法國人不會按照宗教區分公民，[2] 中國在這方面做得並不比法國差。所以，信口說中國政府鎮壓了 2000 萬到 6000 萬的穆斯林，這是出於政治目的的宣傳，完全沒有任何事實依據。

如今中國還在繼續因這個偽命題而遭受攻擊，因為人道主義是一門生意，我們有一批人道主義者團體一直關注著新疆。在澳大利亞，堪培拉大學成立了"新疆數據計劃"（受誰資助呢？），該計劃由澳大利亞戰略政策研究所[3]（Australian Strategic Policy Institute，ASPI）管

---

1 根據《中國統計年鑒（2021）》，中國（未包括台灣地區人口數據）境內回族的人口數為 11377914 人。——譯者注

2 近期，國會議員弗朗索瓦·科努特－真蒂勒（François Cornut-Gentille）在接受《談話者》雜誌採訪時說，塞納－聖德尼省的人口統計肯定少了 15 萬到 40 萬人，至少有 10% 到 25% 的誤差。他肯定了審計法院的一個報告中的信息，不過公眾很快就把這個信息忽略了。

   法國於 1978 年通過了一項法律《信息和自由》，規定"禁止收集和處理個人數據，尤其是那些能直接或者間接體現種族和民族、觀點、哲學、宗教、所屬工會，以及與個人健康和性生活相關的信息"。該項法律從來沒被修訂過也沒被廢止。2007 年，憲法委員會以該項法律為由，指責某一個移民法的第 63 條，該條款規定，在"開展測量人們起源多樣性的研究"的框架內，為了（通過國家信息和資助委員會）更加嚴格地管控移民，允許收集個人種族或民族信息。憲法委員會提到，種族數據同憲法第一條相悖，根據憲法第一條，"法國是一個不可分裂的、非宗教的、民主的、社會的共和國。不管出身、種族和宗教，法國公民在法律面前一律平等"。結果就是法國政府對公民情況一無所知，法國對自己國民信仰何種宗教、屬哪個民族一無所知。我們不禁自問：這樣一個對自己的國民種族構成一無所知的政府，怎　能領導一個國家和預測未來發生的事情呢？

3 《南華早報》，2021 年 4 月 10 日報道。

理。該研究所發佈過一份涉疆報告，聲稱研究人員找到了新疆約 380 個疑似 "集中營" 的地方，關押著數百萬維族人，論調跟鄭國恩的差不多。

哎，我們製造的假新聞越多，我們面臨的危機就越多。受美國資助的澳大利亞戰略政策研究所的研究員們，以豐富的想像力炮製了這份名單，中國政府已經對名單進行了仔細檢查。報告發佈於 2021 年 4 月，其中列舉的 380 個集中營，343 個被證明是學校、醫院、行政機構、書店，或者居民小區。我承認有 37 個沒有被標注，應該確實是監獄。

澳大利亞戰略政策研究所還發佈了另一個信息：12050 名維吾爾族人受到了虐待。中國政府仔細核查了名單上的所謂鄭國恩的證人。結果發現，1342 人根本不存在，238 人已經自然原因死亡，264 人根本不在中國生活，還有 6962 人的生活一切正常，沒有受到任何虐待。其中僅有 3244 個人是因為各種犯罪行為被收監。

不論怎麼看，澳大利亞戰略政策研究所發佈的這份報告，都沒有對鄭國恩的言論真正起到支撐作用，兩者反而自相矛盾。

為什麼西方媒體反覆炒作這個話題，這可能得專門寫一本書來分析。記者們都很健忘。五十年前，相同的戲碼曾經在西藏上演過。

當美國宣佈撤銷將 "東突厥斯坦伊斯蘭運動" 定性為恐怖組織（2002 年開始就被定性為恐怖組織）的決定時，我們的記者沒有一個人站出來對此事發表評論，甚至當聯合國站出來否認同意美國這個決定的時候（該恐怖組織名單由聯合國負責審定通過），我們的記者也沒有表態。

　　美國做出這個決定只是為了洗白議員們，我們有記者告訴讀者這些了嗎？沒有。我們的記者也從來不談論敘利亞的〝難民〞營地，而敘利亞才是美國控制的恐怖主義溫床。

香港，英國的執念

香港問題是 2019 年 6 月開始進入媒體視野的。媒體帶著審判的態度蜂擁而至："中國想限制個人自由。"香港年輕人都走上街頭捍衛自己的生活方式。還有一小撮人宣佈要獨立。大洋彼岸美國參議院的代表們也摻和進來，2019 年 10 月 13 日通過了（僅靠舉手表決）"2019 年香港人權與民主法案"，然後就是《關於 "允許對中國損害公民自由和香港基本法權威進行制裁" 的年度報告》出台。

　　美國就這樣開始了對香港特別行政區政府的制裁和對中國內政干涉。隨後，美國不顧國際刑事法官的反對，一直插手香港事務。從 2020 年 8 月起，美國宣佈對香港的 11 名人士實行制裁，包括時任行政長官林鄭月娥，理由是這 11 個人破壞民主。這裏要澄清一下，美國所謂 "破壞民主" 是指這些人參與了 2019 年制止香港騷亂。

　　2020 年 6 月，美國時任國務卿、前中情局局長邁克·蓬佩奧（Mike Pompeo）聲稱，如果中國把國家安全立法強加於香港，自行定義叛國、分裂、叛亂、竊取國家秘密等行為，香港地區就不再享有 1997 年 7 月前美國法律給予其的特殊待遇。一部在英國、法國、美國及以色列等國家都有的法律，在中國香港也通過並適用了，僅此而已。作為一個主權國家，中國同其他國家一樣，有權制定這樣一部法律。毫無懸念，該法獲得了通過並開始生效。

　　所以到底發生了什麼？香港局勢危險了嗎？如果是的話，誰危險了？香港人民？香港經濟？香港領導人？還是中央政府？

　　我們來試著看得更清楚一點，須跟讀者們說明，這一切在我看來都是謠言和空穴來風。我要說的是，從 20 世紀 80 年代我就住在香港，因此我的利益同樣與香港休戚相關。我對香港也有批判，甚至還有不少，所以與那些不熟悉香港的記者相比，我肯定更加了解這片土地，畢竟記者們是突然空降到這裏，然後就開始在巴黎的各大媒體上高談闊論點評這場騷亂及其領頭人。

很久之前，我見過製造這場騷亂的其中一個頭目，一個反對中央政府的人——律師李柱銘。他辦公室的政治主任是華盛頓派來的美國人。在我等著被接見的空隙裏，這個美國人向我講述了他的職業生涯。他曾經去梵蒂岡朝聖，還夢想著成為新加坡國父李光耀一樣的政治名人。

所以首先弄清楚是誰危險了？站在英國時任首相鮑里斯·約翰遜的角度，可能是 300 萬英國海外屬地的公民，即擁有"英國國民（海外）護照"的香港人處在危險中。但在法國，如果把一個民族和另一個民族，或者一個團體跟另一個團體，用某些手段加以區分，肯定會帶來各種麻煩，像英國這種創造出不同等級的護照的做法，要發生在法國無疑是在玩火。然而，英國政府缺乏這種敏銳性。

這個著名的英國國民海外護照是在 20 世紀 80 年代誕生的，是為那些出生在英治香港、又擔心以後失去英國國籍的居民定製的。事實上，他們憑此護照也只能獲得在英國居留一段時間的權利。換句話說，給予這些香港人可以免簽去英國的權利，而不是給予他們英國的永久居留權。所以，這種護照是為那些無關緊要的小市民們設計的，因為有權有勢的人完全可以找到另外的方法成為完完全全的英國公民。這種護照就像蛋糕上的櫻桃，只起裝飾作用，擁有者只能自己使用，後代並不能繼承這個身份。戰略家們早就都算好了，隨著時間的推移，這種護照就會退出歷史舞台。

英國國民海外護照誕生於瑪格麗特·撒切爾的時代，那時候鮑里斯·約翰遜才只有 20 來歲。英國方面在宣佈將授予 300 萬香港居民英國國籍之前，[1] 想當然地以為香港人都會害怕中央政府而要逃離，英國人是通過自己做的一些數據統計得出的這個結論。這是一種騙人的政治權術，而英國政府一向擅長這麼做。

而今天，選擇離開的香港人只佔他們所說數據的十分之一。比較有意思的是，2015 年的時候，有 14.32 萬人持有該護照。2020 年 2 月，大約增加了 20 多萬人申請此護照。這就是 2019 年的暴力活動對大家的影響程度。看清楚了，是 20 萬，不是英國預測的 "至少 300 萬"，香港這座城市總人口有大約 750 萬。[2] 最終，在大約兩年的時間裏，只有 10.3 萬人以這樣或那樣的理由離開香港。

鮑里斯·約翰遜顯然早就知道，他宣佈這樣一個沒有實際意義的入籍政策不會有太大風險，尤其是入籍英國這樣一個以移民和排外為由選擇退出歐盟的國家。

香港的人口現狀決定了它是個不折不扣的中國城市，儘管一些天真的騷亂分子試圖否認這一點。香港 92% 的人口都是漢族。香港人

---

1 2020 年 6 月 4 日，《華盛頓郵報》發表文章："鮑爾斯·約翰遜為 300 萬香港人提供入籍英國的途徑"。英語國家媒體很多都有類似標題的文章。澳大利亞曾宣佈為香港護照持有人提供 5 年居住庇護簽證，前提是他們不對澳大利亞的國家安全構成威脅。

2 根據香港特區政府統計，2019 年年中的香港總人口數字為 752.41 萬。

的生育率很低 —— 僅為 1.1%，還有 32% 的人從來沒結過婚。但這些都沒能阻止香港人口在近些年裏淨增加了近百萬。[1]

那麼，這些新增加的香港人是誰呢？99.9% 的都是中國人和他們的孩子。還有一個有趣的數據：香港人口中只有 0.8% 是"白人"（當然在法國這樣的族群統計是被禁止的），這意味著那些鼓吹香港不是中國城市的說法是完全站不住腳的。

讓我們再回看邁克·蓬佩奧的做法 —— 取消美國和香港之間的特殊關係。他在說什麼呢？在美國看來，香港可能也受到了美國的莫大恩惠。畢竟，這是美國政府永恆的核心思想：在他們眼中，世界上所有國家都受到美國的恩惠，但事實真是如此嗎？

我不知道其他方面的情況究竟如何，但是關於在香港發生的事情，我敢說蓬佩奧搞錯了。香港和美國之間的貿易是單向的。香港對美國的出口額大約 40 億美元。[2] 如果這扇門被美國關閉，香港完全可以轉向東南亞和印度，要達到這個出口額是輕而易舉的事。

還有一件事情頗為諷刺，那就是香港的"美國商會"站出來公開反對特朗普政府的做法。美國向香港的出口額大約為 650 億美元，香港對美國來說就像開在附近的商品雜貨舖，然後其中 80% 到 90% 的出口又經香港流到中國內地。鑒於此，美國對香港的貿易順差是相當

1　從 1997 年年中到 2021 年年中，香港人口總數從 650.21 萬增至 741.31 萬，25 年來增長近百萬。—— 譯者注

2　根據經濟複雜性指數（ECI）的數據，2017 年香港對美國出口僅為 40.8 億美元，佔出口額的 3%。—— 譯者注

巨大的。這就是所謂的特殊關係。如果美國取消對香港的特殊待遇，香港不會遭受什麼損失，但這一點卻沒人提及。現實利益情況就是如此。

但是這些並不能讓香港免於遭受突如其來的經濟危機，因為這座城市頗似一個"商品雜貨舖"，其經濟一直以來都嚴重依賴進出口貿易。如果我們不喜歡某個雜貨舖了，顧客就不會再去光顧，那麼破產也就隨之而來。

2019 年至 2020 年間香港的暴力活動到底想幹什麼呢？很難說，因為這場騷亂沒有真正的"領導者"，也沒有真正的訴求。比如說，示威者宣稱要求解散立法委員會，要挾中央政府放棄對香港的管治權，逼迫特首辭職，但是其實沒有人真正去堅持這些訴求。哪怕你去要求出台一個法案，禁止香港的億萬富翁組成壟斷利益集團呢。都沒有。示威者只是聲稱要"自由"，換句話說，他們真正的是要"獨立"。

在法國，儘管每個議員是按行政區域參加選舉的，但是他們每個人都代表整個國家，都必須維護國家利益。2016 年的香港立法會選舉的議員中，有一個 23 歲的年輕人羅冠聰，[1] 卻拒絕接受這個在法國

1　2016 年，羅冠聰在香港立法會選舉中，以 23 歲之齡成為香港有史以來最年輕的立法會議員，但其後因在新一屆立法會議員宣誓就職時私自篡改誓詞、改變宣誓形式，及作出不莊嚴和不真誠的表現而喪失議員資格，成為立法會史上任期最短（12 天）的議員。——譯者注

都是基本常識的原則。至於《基本法》，[1] 他們更是將其視為 "廢紙一張"。羅冠聰可能被自己的成功陶醉了（擁有五萬名支持者），他成立了自己的黨派，要求 "香港自治"。他可能忘記了從 1997 年開始，中央政府從來沒有干涉過香港的社會生活，香港的特首也並不徑自由中央指派。

2019 年香港的騷亂遊行，離不開中國境外勢力的資助和支持。中國方面用了大約兩年時間，找到了境外勢力參與的證據，但是此時我們的媒體和所謂的 "智庫" 已經不再關注這件事了，他們的注意力轉向了別處。就這樣，即使我們發現一個普通的學生竟然在滙豐銀行擁有一個神秘的銀行賬號時，也沒有媒體和記者去評論這件事。當我們發現爆炸性的事件時，只有當地媒體簡單地報道了一下，法國媒體甚至沒有刊登任何消息。類似的情況還有很多。

這些人試圖複製當年在烏克蘭發生的騷亂，但是這次他們在香港遭遇了慘敗，因為沒有預料到兩件事：首先，警察沒有開槍打死示威者（唯一一名死者是被示威者殺死的）；其次，大部分香港市民對這場暴力活動持反對的態度。需要指出一點：香港是一個老齡化的城市，所以當看到年輕人破壞地鐵站等行為時，中老年人群沒有任何動力參與其中。

1　全稱為《中華人民共和國香港特別行政區基本法》，包括附件一：《香港特別行政區行政長官的產生辦法》，附件二：《香港特別行政區立法會的產生辦法和表決程序》，附件三：《在香港特別行政區實施的全國性法律》，以及香港特別行政區區旗、區徽圖案。由中華人民共和國第七屆全國人民代表大會第三次會議於 1990 年 4 月 4 日通過，自 1997 年 7 月 1 日起實施。—— 譯者注

我們忘了，香港的年輕人並不多。他們生活在香港這樣一個社會安全極其有保障的城市。這裏的城市運轉要比許多歐洲城市的要好。參加遊行示威的年輕人大都沒有工作，可你要知道，香港並不存在什麼真正的失業。他們中不乏富有的年輕人，只是他們想要的更多。

　　那些有工作的人心裏都很清楚，香港的生存和繁榮離不開中國內地，因為所有正常的經濟活動都以這樣或那樣的方式依附於內地，內地發生的事情也會對香港產生極大影響。

　　讀者都知道，任何國家都有權宣誓對自己領土的主權，因此這次的行動是因修例引發的非法聚集和暴力活動，是分裂，是對國家主權的質疑和挑釁。

　　某個地區的人不認同他們的國家身份，從而引發騷亂的例子有很多，比如我們可以回想一下，西班牙的加泰羅尼亞地區，或者法屬新喀里多尼亞島 —— 這個島的歸屬目前仍有爭議，以及科西嘉島。在西方媒體看來，香港的騷亂與這些地方的騷亂有某些類似性，只不過因為這座城市位於中國，而不是別的什麼地方，媒體的態度就完全不同了。

　　香港《基本法》是否適用、是否被遵守是由全國人大常委會來作出判斷和決定，這在《基本法》中是有明確規定的。除非，在香港有些人，尤其是英國人，根本就不想遵守《基本法》和著名的“一國兩制”。

　　所以，我們看到這種情況不應該感到吃驚，在香港特區政府喪失功能的情況下，全國人大於最後關頭介入香港運轉不良的行政管理事務，這是再正常不過的一件事情。

要想分析清楚這些需要寫作另外一本書了，對此感興趣的讀者可以讀一下我在 2017 年寫的關於香港的書。在那本書中，我抽絲剝繭地分析了特區政府是如何讓香港一步步陷入困境的。

自香港回歸後變成中國一個中等重要的城市以來，對一小部分英國人來說，香港從以前下金蛋的老母雞變成了中國的一座普通城市，香港對英國而言的首要角色已經變了。他們便煽動一些人通過採取行動來要求人權，雖然這座城市在英國管治時期的人權狀況一直乏善可陳。

2021 年 12 月，香港舉行了首次全新形式的立法會選舉。香港特區立法會將由 90 名議員組成。所有的選區都重新劃分。從今以後，只有 20 名議員由分區直接選舉產生。考慮到香港只有 450 萬選民，平均每個選區有 22.5 萬個選民，因此每名獲勝的議員至少要得到超過 11.25 萬名選民的支持。這看起來很合理。

香港的特殊之處在於很多選民有兩票（還有一小部分有三票），一票是分區直選，還有一至兩票是選民所屬界別的票。（比如說，我本人就有兩票，一票來自我所在的選區，一票來自我從事的教學行業）。

另一方面，每個候選人還必須證明自己是愛國者，也就是說沒有第二本護照（中國是禁止雙重國籍的國家），沒有海外銀行賬戶（有的話必須進行申報），沒有受到海外資助。另外，候選人必須表明自己效忠國家。

據我所知，這些規定是從 2021 年才開始實施的，在過去，香港立法會的議員們甚至不需要承認中央政府，都不會受到制裁；立法會也可以接受來自其他國家的資金和幫扶。所以這麼多年來，羅冠聰和其他"民主人士"一直在受到美國當局的資助！

想像一下，如果在法國，某個政黨受到別國的暗中資助，這能夠被接受嗎？國民議會主席會允許一個新當選的議員走上前台，宣稱他並不準備宣誓，同時也不承認法國政府在他所屬片區的主權嗎？不會的。然而在香港就發生了這種事情。

以後不會出現這種事情了，因為這將是違法的。

剛剛我向大家介紹的基本法的新增條款是符合常識的，這些新規定已經令眾多"民主分子"放棄了活動。有些人甚至放棄從政了。還有一些人離開了香港，因為他們在海外都有落腳點。這些人是愛國者們嗎？不是的，他們只是一群寡廉鮮恥的投機分子。

《基本法》修改後的首次立法會選舉於 2021 年 12 月 9 日進行。正如媒體報道的那樣，本次立法會選舉直選的投票率是 30.2%。我們可以對比一下，2021 年法國地區選舉的投票率是多少，僅僅為26.72%。

通過分析細節我們還可以發現一些更有趣的事情。香港平民街區參與投票的選民數量幾乎是中產富裕街區的兩倍。比如在新界地區的觀塘，有 65 萬人參與投票，根據投票站提供的數據，這佔了該區投票數量的 65%。

這些讓選民積極參與選舉的街區的候選人，大都和中央關係保持正常化。選民們也希望愛國者當選。

1997 年之後，出現了"親中"和"反中"的標籤，在標籤後面隱藏著一個事實：香港特區政府在一些關係民生的領域做得很差，比如很多民眾已經很難獲得一套體面的住房，不能就近入學（很多孩子現在單程要花費一個多小時去上學），城市的結構已經變得惡化，最大限度地為一小部分人提供服務，而代價就是損害大部分人的利益。香港是一座富裕的城市，這是個假像，因為這裏大部分人都很貧窮。我想說的是，這是因為回歸後的香港精英既缺乏想像力，也沒有意願去改變。在一些去殖民化的地方，過渡階段通常會出現這種情況。

隨後，有一個對香港的利好消息，粵港澳大灣區成立了。這是一個從珠海，經由廣州和深圳，終點為香港的區域。這個區域的國民生產總值超過美國加利福尼亞州。

一些香港人紛紛"逃亡"英國、美國，甚至澳大利亞，後來證明這是個錯誤的選擇。面對這些"逃亡"，我們大聲疾呼斥責中國政府，但是別忘了，我們自己的歷史上此類情況也屢見不鮮。

英美以為，早晚有一天他們可以贏得這座城市，因為現在確實存在著香港特區政府失職的問題。香港當地人花了很長時間才發現，自己被西方欺騙了，這裏的公共服務領域被最後一任港督彭定康（1992—1997 年在任）搞得一塌糊塗，早在 20 世紀 50 年代之前，中國人不能進入任何公共服務崗位，導致香港的公共服務都被神聖化了。還出現了一種粉飾的說法：一方面這是好事情，因為這令香港人可以在英國的行政機構任職，另一方面，如果我們放任野蠻人不管，那麼他們可能會摧毀香港。

這個政治謊言並沒有能流傳太久。大多數聽信了謊言的人都被摧毀了。在 21 世紀初，那些被資本主義蠱惑的香港人，帶著他們花費巨額財富得到的加拿大護照和澳大利亞護照（不是英國海外居民護照，那個什麼用處都沒有），紛紛窮困潦倒地偷偷重返香港。他們帶回來了流離失所的孩子們，這些人很難融入香港的歷史和經濟版圖，因為他們都不會講普通話。20 歲就成為 "過時的人" 是很艱難的。這是吸引他們參加暴力活動的原因之一。

我們西方的政治宣傳很狡黠，宣稱一邊是自由世界，另一邊是共產主義，由於這種宣傳，有的香港的公職人員 —— 這些在被佔領時期的二等公民 —— 被英國人鼓動起來，自稱是反抗 "野蠻" 中國的最後一道民主長城。就這樣，他們不僅一度成為西方的寵兒，甚至成為不可侵犯的特權階層（在西方，其實並沒有人關注他們）。當騷亂發生後，香港特別行政區行政長官是林鄭月娥，她採取了跟英治香港時期政府差不多的做法。

我們在這裏不再分析 1997 年之後香港特區政府的執政路綫了。我在另一本專門寫作香港的書中探討過這個話題。[1]

讓我們回顧一下，看看這些公職人員這些年來給香港帶來了哪些損害。二十多年來，這些公職人員獲得了權力，但他們並不都是什麼民主選舉的產物。

1　塞爾日・貝爾蒂，《在香港生活》（L'archipel 出版社，2017 年）。

因此，當看到香港特區政府主要官員今後要由中央政府任命時，鮑爾斯·約翰遜氣得大呼小叫。對此我不禁樂了，但是我其實很理解他，畢竟沒有人會對輸掉一盤棋感到高興。

除了可怕的管理混亂，這些以前的領導者還能帶來別的結果嗎？

我只舉一個例子來說明香港到底發生了什麼，而這些真相從來沒有人談及。大嶼山（新機場就建在這裏）的北部和南部新建了一條公路，這條四公里的公路用掉了整整十年時間，最終成本跟深圳修建長達 30 公里的地鐵都差不多了，香港方面給出的藉口是這條公路位於山區，從一個村莊到另一個村莊！好吧，美國的納瓦霍橋全長僅 230 米，到 1995 年才建成。據說還是由法國設計埃菲爾鐵塔的工程師們參與設計的，這座橋橫穿科羅拉多大峽谷 —— 東西向，長達幾百公里。再對比我之前提到過的雲南省的橋，不是一座，而是十二座橋。生活在亞洲，我們不需要美國那些經濟學家們頭頭是道的分析，也能明白西方已經錯過了許多重要的東西。

時間是最殘酷的，謊言最終都會隨著時間煙消雲散。深圳和香港之間的反差以後會越來越大，不僅表現在修公路和修地鐵的對比上。

在香港回歸前夕，這座城市約有 650 萬人口，而深圳當時的人口為 500 萬出頭。到了 2000 年，時任香港政務司司長陳方安生開始給這座城市設置重重堡壘，因為隔壁的 700 萬深圳人著實讓她感到恐慌。

在這個時期，這位狹隘的女士設置了各種行政障礙，使得香港的城市轉型極其困難，她想像著會有內地人源源不斷地來到香港避難，由此設置障礙來阻止這股潮流。

今天，華盛頓方面仍舊有著這種偏見：中國人都想逃離出去。其實在這個問題上，不管是美國，還是英國和法國，大家都錯了，沒有中國人想要逃離。國內確實存在人員流動的現象，比如有一些別的省份的人願意留在深圳，原因有很多，排第一位的是因為他們能在那裏找到薪酬更好的工作。

由此深圳的人口在 20 多年間增長了大約 1250 萬，是同期香港人口增長的十幾倍。當初一些人預想中的 1997 年及以後深圳人口會大量湧入香港的現象並沒有出現。

這與很多專家預料的恰恰相反，所謂自由民主的吸引力並不存在。事實上中國人熱愛他們的國家，沒有人想逃離。

應該有人告訴陳方安生，恐懼永遠是個壞軍師。她所有抵制"共產主義分子"影響（陳女士在一所天主教學校受過教育）的行為，最終只是令香港錯失了各種機會。而這所有機會一旦失去再也不會重來。

如今，2022 年了，就像我們說的"胡蘿蔔已經燉爛了"（法國諺語：沒有什麼希望了，一切已成定局）。如今的香港僅靠股票交易所苦苦支撐著，雖然看起來依舊光鮮，但是未來未必如我們所預期的那樣樂觀。上海的股票交易所規模更大，對於內地業務，深圳股交所也非常大（是的，深圳有個更大的股交所），如今的香港股交所，依靠的是大陸，而非華爾街。

諷刺的是，如今香港的美股交易所，事實上卻是美國的阿喀琉斯之踵。在美國上市的中國企業正在逐漸轉向國內，只要上市和資金募集是在上海股交所、深圳股交所（第二大）和香港股交所（第三大）進行的，那麼就受到中國的管轄。華爾街以為他們在領導世界，但是從 2022 年起，美國能影響的只有西方世界了。[1]

美國政府，不管是民主黨還是共和黨（在這一點上他們出奇一致）執政，威脅中國公司不能在美國市場上募集資金，然而，美國打壓中概股的做法只是加快了資本的逃離。長期來看，這會損害美元的地位，然而由於港幣不是浮動匯率，它與美元直接掛鈎，因此打壓之下，大批的中概股開始回流轉到香港，令香港成為中概股的避風港。

從 1997 年開始，媒體就時不時地會提出這個問題，港幣會不會持久存在下去，但是不要忘了如果取消港元，那麼很多英國公司都會破產，尤其是像滙豐這類銀行，90% 的收益都會打水漂！是的！事情沒有這麼簡單，在這件事情上，中國什麼也沒做錯。中國只是在接著管理英國留下的香港。

1997 年至 2020 年，香港的發展有些緩慢，而當地那些消息閉塞、沒有受過教育的年輕人卻對此一無所知。一個社會的未來，本質上取決於孩子所接受的教育和他們對未來的信心。

教育領域也存在諸多問題，直到 2020 年，在這座講粵語（有8000 萬人講的一門語言）的城市中，很多問題還在被爭論，比如這座城市的英國統治歷史、這座城市歸屬中國的問題，以至於到了

1　2018 年，香港股交所全球排名第一，2019 年便滑到了第三的位置。

2019 年，在歷史課上還有香港的年輕人提出這樣荒唐的問題 —— 日本的侵略是否對中國有積極的一面。[1]

公立學校一直用粵語教學，不是必須學習普通話。而在廣州，情況卻完全相反，要知道，這座生活著 1800 多萬人的城市所在的地區才是粵語的發源地。廣州的學校裏都用普通話教學，粵語只是第二語言。在深圳這座嶄新的城市中，街道上已經很少聽到有人講粵語了。香港沒有順利地完成語言的過渡。[2]

2020 年，深圳的部分優秀大學的教育水平，尤其是在機械工程和電子學方面，已經超過香港大學的水平。同一年的世界大學排名中，中國前兩名的大學都位於北京。對香港的大學抱有期待的人數已減少了。

2022 年，進入香港的大學讀書的學生人數比 2019 年的還要少。人們紛紛想去香港讀書的時代已經一去不復返了，而香港要想恢復昔日的輝煌，可能需要很長的時間。2019 年 8 月到 12 月，還有 4000 名內地學生選擇離開香港。這部分我們先不講。我們重點聊聊那些去往英國讀書的香港學生。這與 1997 年的情況何其相似。我們可以肯定的是，這些年輕人真是迷糊，就像前些年間逃離的那些年輕人一樣，幾年後回來便會發現他們已經很難融入中國的就業市場了。至於他們所追求的生活品質，應該與深圳的生活品質相比較，而不是與英

1　這就如同問法國人 "是否德國人的佔領，對你們也有一些積極的作用"。

2　除了語言問題，還有法律問題。香港以英國的普通法作為一切訴訟的依據。

國郊區的相比。

在我看來，香港年輕人面臨著精神危機，有一個很明顯的原因就是香港在休閒娛樂和城市綠地兩個領域發展乏力。在香港，年輕人都感覺煩悶透頂。因為三十年來，這座城市鮮有變化，除了 1997 年之後特區政府修建了一座針對年輕人群的迪士尼樂園。對於這些人來說，2019 年對民主的訴求，實際上要的是除了迪士尼之外的其他東西。

2019 年底，我參觀了香港和深圳這兩座時尚都市，才恍然大悟。

在深圳，海上世界是年輕人的"時尚"打卡地之一。在香港，"唯一"的時尚之地是中環 SOHO 區（SOHO 是英國一個街區的名字，香港通過這種方式懷舊）。

如果像深圳成千上萬的年輕人一樣，香港年輕人也能時不時地去海上世界，他們的精神壓力可能會小一點。這個街區是 1900 年填海造陸才出現的，街區中心位置停泊著法國於 1962 年建造的一艘豪華郵輪，原名 ANCEVELLER，由戴高樂下令建造並被中國在 1972 年買下（改名為明華輪）。

這個地方之前是蛇口碼頭（ANCEVELLER 所在地），如今被深圳合併了，放眼望去，密密麻麻的建築鱗次櫛比，但是與香港相反，這裏並不是為了建設低租金住房。這艘船見證了這裏的過去，而今天，這裏有著成百家各種價位的大大小小的全球各地風味的餐廳。我甚至在這裏還見過一家由西班牙—菲律賓混血老闆開的餐廳，菜品的完美程度可以跟馬德里的餐廳相媲美。這個街區的小路綠樹如茵，完全沒有那種被三十層高的混凝土建築佔據的窒息感。這是個有著拉丁風情的街區，但是高檔一些（這裏的土耳其烤肉沒那麼多），店舖充滿時尚藝術氛圍。路邊甚至還有一個威士忌酒吧，裏面有各種酒類愛好者的珍藏，酒吧有個小小的露台。這一切，在香港是不容易找到的。

在香港，我們只有在中環 SOHO 才能見到如此多的餐廳。這裏是加拿大裔百億富豪盛智文的地盤，這裏幾乎所有的餐廳（還有租金收入）都是他的，但是多年來沒什麼變化。這裏的小路也沒有什麼吸引力，更沒有什麼帶著小露台的咖啡廳。香港城市建設過時的管理規定一直約束著這個地方。

在行政管理思路上，深圳和香港迥異的做法還真不少。比如在深圳，出租車可以自由地從城市一端開到另一端，計價器非常高科技，而在香港，整座城市被分成三個區域。如果你不知道的話，那就麻煩了：紅色出租車從來不會駛往綠色出租車的區，而從機場出發，只有大嶼山出租車（藍色）有權開往島的南部 —— 這一切都跟滙豐集團在英治香港時期投資的出租車牌照生意有關，出租車師傅們的血汗錢讓滙豐集團賺得盆滿缽滿。

另外，香港還有污染嚴重的叮叮車，這在歐洲和中國內地已經被淘汰了，這裏還有一些老舊的渡輪（都是些二手船，其中有一些是 20 世紀 50 年代製造的）。所有這些交通設備都屬香港的富豪們，因為這裏不存在國有公共交通，即使 20 世紀 80 年代建造的地鐵也是私有化的。

說到香港的渡輪，我跟你們說一件軼事，從中可窺見特區政府系統存在的腐敗。政府修建了很多碼頭，然後將其委託給特許公司管理輪渡航綫，有很多航綫需要安放廣告牌。被委託的公司將廣告牌的選址業務交給子公司負責，這些子公司就要求將這筆費用打到在維爾京群島註冊的離岸公司的賬上。也就是說，這筆費用在母公司的賬戶中不會出現。所有人都知道這套操作，但是沒有人採取任何行動。要說明一點，香港的所有渡輪都是私人擁有的，比如恆基地產創始人李兆基。他是香港第三大房地產商，財富僅次於李嘉誠及其長江和記集團——李嘉誠是地產行業的老大，排名第二的是郭得勝家族（新鴻基集團）。

我還能列舉很多這種對比和例子，數不勝數。每個實例都會損害香港的美好形象。最近二十年來香港的生活品質在下降，而深圳的生活質量大大提高了。這些年裏，很多隱患在香港暗中滋生，卻被一些政客忽略了。

任何一個政客，不管是否民主，都不會去觸碰這個日益嚴重的社會問題，若他們中的任何一個人質疑特區政府，就會收到"被中央政府收買了"的指控。

至於那些年輕的活動家們，他們根本不懂自己的城市是怎麼運作的，他們還在相信那些過時的口號，甚至都沒有好奇心去看看自己的國家正在經歷什麼改變——因為如果他們趁假期選擇去內地度假，而不是去英國度假，可能會給他們帶來完全不同的影響。

這個年齡層的人令人費解。他們沒有好奇心，知識匱乏程度也令人震驚。我曾經採訪過他們。沒有一個香港年輕人知道中國是三十年來世界上唯一一個實現大面積脫貧的國家。因為香港的貧困問題還沒有解決,他們所有人只相信唯有美國才能做到!

不要指責他們。即使如米歇爾·翁弗雷(Michel Onfray)[1] 這樣號稱博學的大哲學家也會被反共宣傳迷惑,由此可見,中國在我們西方世界裏遭受了多大的誤解。

香港這座城市是用來闡述"假新聞"理論的很好例子。跟香港最後一任總督彭定康[2] 一樣,西方的大學和智庫都將這裏描繪成自由之地,如今香港發生的騷亂被當成民主的典範。這真是滑稽。

我們在媒體上永遠看不到香港的真相,因為真相與我們自以為的價值觀相悖。二十多年來,在回歸後香港特區政府的治理下,貧富差距問題未得到有效改善,這才是真相。

事實上,香港是一座有著眾多百萬富翁的貧困之城!2018年,香港有140萬人生活在貧困綫之下,佔到了總人口數的20.4%。從1997年開始,這個數字還在持續增長。在18到29歲年齡段的年輕人中,貧困率從11.9%上升到了22.6%。[3] 所以看到這些社會邊緣人

---

1 米歇爾·翁弗雷(Michel Onfray)生於1959年,法國哲學家、散文家,以分析弗洛伊德著稱。

2 彭定康獲得港督崗位多虧了一次選舉失利,當時英國保守黨贏得了選舉,巴斯地區的保守黨資產階級選民將彭定康驅逐了出去。時任英國首相約翰·梅傑於是將他派往香港。彭定康告訴大家,英國民主是世界上最棒的民主。他在赴任之前對香港完全不了解。他在香港的良師益友是西蒙·默里(中文名叫馬世民),此人曾跟香港首富李嘉誠共事而發財致富。

3 香港特區政府發佈的《2018年香港貧窮情況報告》,意味著每五名市民中就有一人處於貧窮綫以下。——譯者注

群走上街頭打砸搶燒，也不應忘記這個事實。

第一次正經反對香港當地政府（這裏不是指中央政府）的示威遊行發生在 2005 年 12 月 4 日，原因是由於大嶼山島新機場的修建（1997 年就建成了，而八年後才示威遊行！），導致了周邊一塊空地閒置。其實這是關於低租金住房的問題，這類廉租項目一直是分包給布依格集團的當地公司 —— 這是慣例，而根源還得歸咎於英國人。

英國將不幸遺留給了香港。英國甚至也不想失去對香港的控制。因此英國立馬指控中國政府造成了香港 1997 年至 2020 年間發生的一切可笑的事情，孰不知 35 公里外的深圳發展得如此迅速，已經實實在在地證明了英國的這種指控完全站不住腳。

要分析透徹英國遺留下來的政治體制的弊病，以及這個體制中那些平庸的政治人物的個性，從陳方安生到之後的一些政治人物，值得再去寫作一本書了。

讓我們回到正題。事實上，在英治時期香港立法會從來沒有權力立法，它能做的僅僅是通過或者否決法律。

我們的西方記者很快就會拿這個來指責中國，但是這一切明明是英國人遺留下來的 —— 1997 年 6 月 30 日之前，英國人拒絕讓權給當地議員。這種狀況一直沒有被改變，所以當中央政府重新組織香港立法會選舉體制的時候，我們為什麼要指控他們謀殺了民主呢？

20 世紀 90 年代，英國人害怕香港議員不會站出來投票反對回歸。消除這種危險的其中一個方法就是，取消由全民普選產生一名市長的可能性。因此英國取消了"城市委員會"，即香港的城市委員會。

這場鬥爭的結果最終留下了一個燙手山芋，一個"漏洞"——《香港基本法》著名的第二十三條規定："香港特別行政區應自行立法禁止任何叛國、分裂國家、煽動叛亂、顛覆中央人民政府及竊取國家機密的行為，禁止外國的政治性組織或團體在香港特別行政區進行政治活動，禁止香港特別行政區的政治性組織或團體與外國的政治性組織或團體建立聯繫。"

我們知道了接下來發生的事情（但是我們很少談論），1997年7月1日，香港回歸中國，由於已經有了這個《基本法》，中央政府沒有再補充其他有關主權的規定。香港變成了中國一個地位模糊的特殊地區。因此有人置喙說香港並沒有真正屬中國，只能算是一半屬中國吧，於是很快導致出現了兩個陣營，在同一個事情上，立場截然相反[1]。

2019年，英國和法國很多媒體老生常談，抨擊中國政府在香港駐軍。他們說這些軍隊前來香港的目的是為了平息騷亂。

然而香港其實什麼都沒發生，或者說發生的完全是另外一回事。四十多個大陸士兵穿著 T 恤來到街上打掃衛生，因為街上全是被示威的年輕人亂扔的磚頭和垃圾。這群人是那些住在父母家裏啃老、連房間都不打掃的年輕人。那段時間，我們的電視上從來不會播出這些畫面，美國衛星頻道播放的畫面都是深圳邊境軍隊在集結，在準備"侵略"香港。

1　香港記者協會於2020年6月19日進行內部問卷，記協成員150人，而沒有一個內地駐港媒體記者響應。

但是事情根本不是記者臆想的那樣。他們可能忘了，中央在香港的駐軍本來就是三年輪換一次，只是這次人員輪換剛好發生在這段時間裏。一夜之間，在深圳等著換班的士兵，就替換了數千名原來駐紮在香港的士兵。當然了，半夜肯定不會有媒體駐守在那兒拍攝這樣的畫面：一輛卡車駛往內地，而另一輛卡車從內地駛來。

事實上，得益於這種駐軍輪換制度，香港的形勢發生了改變。反恐力量得到加強，尤其是在數據收集和分析領域，之前香港警察在這個領域配置薄弱，因為這畢竟只是一個市級警察系統，他們也不想成為被攻擊的目標。英治香港時期很多在英國管制下的犯罪行為，在英國撤退後被默認為合法的了。

香港警察和中央駐軍之間的合作成果卓越。2020 年逮捕的牽涉暴力衝突的人數遠遠超過了 2019 年。每個月都會有針對典型犯罪的訴訟和收監。

看到發生的這一切，美國傳統基金會或者蓬佩奧先生給出了一個謬論：對於 700 多萬香港居民來說，中國政府顯然並沒有真正像愛護自己的眼睛一樣愛護香港，中國政府只是在演戲，可能需要很長時間，他們才會失去耐心。但很顯然，中國政府有足夠的耐心。美國傳統基金會之前曾表示沒有香港，中國就沒有希望，而蓬佩奧先生在擔任美國國務卿期間，曾指控中國比德國納粹還要惡劣。顯然，在稍微明理的人眼中，他們錯得離譜。

香港儘管只有不到一千萬人口，但是對於中央來說，香港的警示燈始終在不停閃爍，因為中國是一個最不喜歡陷入無序狀態的國家。

這種場景我們並不陌生。所有英國的殖民地和佔領地在獨立後幾乎都經歷過經濟危機，對當地政府的破壞力長達幾十年。事實上，我很難找到一個地方，去殖民地化後經濟開始飛速增長，人民生活水平不斷提高。香港當然也沒能逃離這種宿命。

　　2020 年初，中央人民政府駐香港聯絡辦公室主任王志民被免去該職務。王志民坦承，特區政府的腐敗導致在香港推進任何項目，成本都是內地同樣項目花費的三到四倍。

　　駱惠寧，一個很有分量的中國政治家，成為王志民的繼任者。

　　於是，特區政府的面貌很快發生了變化。2020 年 1 月 14 日，在沒有徵求任何人的建議，也沒有通知執行委員會的情況下，林鄭月娥公開宣佈了幾條改善民生的重大措施，而一個月前，她還在為難以推動這些措施而苦惱 [1]。

　　有趣的是，這是一個策略。很顯然她的執行委員會被邊緣化了。駱惠寧上任後，致力於加強香港和鄰近省份廣東省的融合。廣東是中

1　其中一項措施是放寬 "2 元公共交通乘車優惠" 措施的年齡限制，從 65 歲放寬至 62 歲。這裏要指出一點，香港的所有公共交通都私有化了，因此特區政府需要出資補差價，即應付價格和優惠價格之間的差額，這部分開支不菲，大約是 17 億元港幣。另一項措施涉及公屋，試行為輪候公屋超過 3 年的市民提供現金津貼，這個措施給政府施加了壓力，促使特區政府儘快完成拖延了十年之久的社會住房保障項目（是的，你沒看錯，拖延了十年）。第三項措施是加強對劏　房（即一個住宅單位被切割成很小的部分後租給多家住戶）的租務管制。　劏房是很多無產無收入者最後的避難所。鑒於香港在 1997 年之前是沒有法定退休金制度的，所以部分人退休後沒有退休金。第四條措施是針對失業人群的。失業三個月起即可領取失業補助金。但是，只有第一條措施很快地付諸實施了，政府的公共財政支出流入私人企業的賬戶。受困於香港當時毫無活力的官僚作風，剩下的幾條措施都夭折了。

國最富裕的省份，人口有 1.27 億，國內生產總值超過了一萬億美元[1]（法國同期為 2.94 萬億美元）。這個數字還不包括深圳特區（深圳是計劃單列市），深圳人口為 1700 多萬，國內生產總值超過 5000 億美元（遠遠高於香港）[2]。駱惠寧上任第二天就去拜訪了廣東和深圳的領導們，而香港特區官員卻少有與這些人見過面，雖然此二地對香港的未來經濟發展十分重要。

林鄭月娥在當初的就職演講中的表態與後來的做法有著 180 度的大轉彎，當時她這樣闡述自己的施政綱領：

"加強市民對特區政府的信任是本屆政府的施政重點。"

很顯然，北京中央政府已經看清楚了，香港特別行政區政府不懂得如何治理香港，這些年來積累的問題創下了歷史記錄：基尼係數是全世界最糟糕的，房地產市場畸形發展，市民無房可住。

中國政府現在的目標是將香港吸收進宏大的粵港澳大灣區建設項目中。這個天然港灣沿岸有 9 座城市，從西部的珠海一直延伸到東部的香港，北部是廣州。

中國政府的治國理政思路是看長遠發展，而西方，由於選舉制度的限制（最多 3—5 年選舉一次），他們總是只看眼前。因此，記者們和學者們應該把當下在他們眼皮底下發生的事情放到二三十年的大背景下去理解，這樣才能搞清楚是怎麼回事，但這些人也是短視的，

1　中經數據：廣東省 2021 年人口數為 1.27 億人，GDP 為 12.44 萬億元。——譯者注

2　中經數據：深圳市 2021 年人口數為 1768.2 萬人，GDP 為 3.01 萬億元。香港統計局數據顯示，2021 年香港 GDP 折合人民幣約 2.4 萬億元。——譯者注

做不到這一點。後來，我們看到，中國政府通過了《國安法》[1]，消除了香港的潛在危機。在此之前，很多國家利用《基本法》第二十三條這個立法漏洞，安插棋子，在中國製造麻煩。我們難道還要為此譴責中國政府嗎？[2]

根據香港《基本法》的規定，全國人大有權保障《基本法》第二十三條的實施。這在香港是第一次做出這種規定，但是在中國內地特區城市和自治區已經有不少先例。香港也要學會與新實行的標準共存。

西方媒體為香港表示擔憂，然而他們看起來就像四輪馬車的第五個輪子一樣可有可無。我們自問這是為什麼，因為這些分析家已經很清楚地知道，美國的戰略家們在這裏已經失敗了（這也不是第一次了）。在中國政府的領導下，香港正在發生改變。那些為香港唉聲嘆氣的人並不知道自己在說些什麼。我在那裏工作多年，我眼中的香港，是一個正在打破常規走出困境的香港。

香港的第一顧客是亞洲，而不是美國。大量的"民主冠軍"年輕

1　全稱為《中華人民共和國香港特別行政區維護國家安全法》，2020 年 6 月 30 日由十三屆全國人大常委會第二十次會議議表決通過，國家主席習近平簽署第 49 號主席令予以公佈。——譯者注

2　1990 年通過的"香港基本法第二十三條"規定，香港特區需要依據第二十三條來自行立法來保障國家安全。全國人大授權給香港特別行政區由其自行立法完善"香港基本法第二十三條"，但由於其他客觀原因，"香港基本法第二十三條的補充立法"遲遲沒有得到落實。近幾年來，香港不時發生的社會暴力事件表明，補充立法一刻也不能再拖。在香港特區政府無法自行獨立完成立法的情況下，全國人大作為國家最高的權力機關，有權直接行使立法權，立法保障國家安全不受挑戰，以維護香港的穩定。——譯者注

人逃離香港，去了英國和美國。他們做錯了選擇。他們沒有對香港作出任何貢獻，他們覺得自己沒有未來，而這次加入美國資助的批判中國的大軍，他們一樣沒有未來。這由不得他們決定。

香港經常經歷階段性的危機。去殖民化從來都不是一件容易的事情。香港已經習慣了處理經濟危機，而這次的危機卻事關這座城市的靈魂。一直以來，香港總是"一隻腳在內一隻腳在外"猶豫不決，在處理這個問題上，這座城市尚缺乏經驗。

如果香港選擇擁抱內地而不是西方，比如主動融入粵港澳大灣區，那麼她就會被吸納進入一個擁有7000多萬人口的經濟圈，[1] 就像廈門，以前也曾是一個被侵佔的城市，而如今所有人都忘了過去，實實在在地成了一個中國城市。總之，我們希望香港能夠找到新的增長動力，因為如今的香港真的陷入泥淖停滯不前了。

林鄭月娥於2022年7月卸任。她的繼任者將由1500名委員組成的選舉委員會選舉產生（2016年，選舉委員會委員為800人）。而不管誰最終會成為"行政長官"，他將面對的都是一個低效和可怕的官僚主義體制。[2] 他的第一個任務可能是拋棄保護傘政策，也就是不再跟以前一樣，習慣於將所有領域的發展規劃委託給已被西方化了的研究機構，比如教育領域。他最大的挑戰將會是新界"丁屋政策"，他

---

1 《2022粵港澳大灣區投資白皮書》：截至2020年，大灣區九市常住人口已達7823.54萬人。——譯者注

2 在2022年5月8日舉行的香港特別行政區第六任行政長官選舉中，李家超高票當選。——譯者注

必須在短期內終結這個始於 1975 的房屋政策，該政策將香港社會分成兩個階層：新界原住民每添加一名男丁，就可以獲得 700 英尺（約 65 平米）的土地，可以用來建造不超過三層的住宅，這個政策適用於新界所有的"村莊"，而剩下的其他人什麼都沒有。長期來看，終止這個政策是免不了的。我其實很好奇，接下來他會怎麼解決這個棘手的問題，要付出的代價有多大。

台灣問題

從法理上講，香港自 1997 年成為中國的特別行政區。那麼說到台灣這個與中國大陸隔海相望的島嶼，西方媒體為什麼總是告訴我們台灣受到了"威脅"？

稍微想像一下這幅場景：1944 年，法國維希政府[1] 帶著武器和家當（比如說盧浮宮的所有財寶）去科西嘉島避難，而不是去了錫格馬林根縣，[2] 他們在科西嘉島受到美國的保護，每天擔心法國共產黨要掌權，擔心他們一直以來的敵人戴高樂要變成法國總統[3] ——能想像這幅場景嗎？

台灣就是這種情況：一個被蔣介石[4] 和他潰敗的軍隊佔據的中國島嶼。蔣介石當時認為這是面對毛澤東的軍隊不得已而採取的戰略撤退。我們知道後來的結果了：蔣介石和他的軍隊再也沒有重返大陸。

1　二戰期間在德國攻入法國並迫使法國投降後，扶持法國政府要員組建的政府，存在於 1940 年 7 月到 1945 年間。——譯者注

2　錫格馬林根是德國南方的一座歷史古城，位於巴登符騰堡州。這裏的城堡能　避開美軍和英軍的轟炸，因此成為貝當總統流亡政府的所在地。作家路易·費迪南·塞利納曾經以醫生的身份被派去貝當政府駐地工作，他很好地記錄了德軍佔領之前在錫格馬林根的生活，寫出了《茫茫黑夜漫遊》一書，他的另一本著作《一座城堡到另一座城堡》也講述了這段時期的體驗。

3　美國人將法國海軍元帥、維希政府中的主要人物弗朗索瓦·達爾朗（Francois Darlan）視為親信，而將戴高樂視為敵人。達爾朗在阿爾及爾死於暗殺。丘吉爾和羅斯福一直不信任戴高樂。戴高樂意識到北約這個組織的危害性後，成為唯一一個要求北約離開法國領土的歐洲領導人（1966 年）。1945 年 11 月 13 日，戴高樂當選法國總統，這對美國來說是個噩夢。在意大利，為了阻止當地成立一個反美政府，美國從 1944 年就開始執行扶持反動政府的策略，試圖建立一個西西里獨立政權，他們的不正當行徑導致了黑手黨的出現。關於這個話題，可以讀一讀諾曼·路易斯（Norman Lewis）的三本書：《那不勒斯，1944》《榮辱社會》《重返西西里》，這位作者的第一任妻子，就是西西里人。

4　蔣介石於 1887 年出生在浙江寧波附近的奉化，1975 年 4 月 5 日在中國台灣去世。

台灣是一個經常被覬覦的寶地。最早對這裏產生興趣的是荷蘭人，1624年，荷蘭人就登陸了台灣島。隨後，在蔣介石之前佔據台灣的，是中國歷史上的抗清名將，世稱"國姓爺"（鄭成功）。他的父親鄭芝龍曾是一個著名的海盜，他的母親是個日本人。1644年明朝滅亡，隨後中國經歷了二十年的內戰，滿族逐漸控制了全國，建立了清朝（清朝一直持續到中國封建帝國滅亡）。鄭成功在抗擊清軍的過程中，認識到需要打下一塊基礎堅實的土地作為據點，於是在明朝亡國之後的1661年4月率部登陸台灣島，次年他將荷蘭人趕出台灣，但不久之後他便離世了。從那之後中國的影響力就在台灣紮根了。

如今台灣島上有大約2300萬人口——接近我們之前談到的新疆自治區的人口，島上大約三分之一的人口是原住民和漢族的後裔。

另外三分之二的人口是純漢族人。因此這裏的大部分人都是大陸來的中國人的後代，不管他們是跟隨鄭成功而來（1661年），還是跟隨蔣介石而來（1949年）。眾所周知，中國人都有祭祖和尋根的傳統，2015年至2019年，從台灣去大陸旅行的遊客數量高達2300萬！對這個數據大可不必吃驚。

然而，我們讀到的媒體報道都在不停地說台灣討厭大陸。

中國被台灣問題煩擾了嗎？並沒有。台灣人口只佔中國總人口的1.6%。怎麼能被1.6%的人口煩擾到呢？

在經濟領域，中國大陸不一定需要台灣。相反，台灣卻離不開大陸。因此台灣可能對大陸更忌憚，但這都是因為美國從中作梗。這個小島可是美國國防部最有利可圖的軍需市場之一。

　　二十多年以前，在 2001 年，我見到了當時的台灣地區"行政院院長"張俊雄[1]、"財政部部長"張燕卿、台北市市長馬英九，還有當時那個不被聯合國承認的"台灣當局領導人"陳水扁[2]。

　　這是一個轉折性的年份，因為發生了一場重大的變革。剛退守到台灣時，執掌台灣的是國民黨，而此時一個"民主"聯盟在最後一輪選舉中卻以微弱多數戰勝了國民黨。陳水扁[3]，這個因為腐敗而在 2008 年被收監的政客，走上了歷史舞台，成為新的民主偶像。這正是美國人夢寐以求的。

　　雖然陳水扁贏得了選舉，他創建的黨派在台灣地區"立法委"中尚屬少數派。因此其他黨派的人幻想著能夠借鑒法國的經驗，實行共同執政，就像在法國弗朗索瓦·密特朗擔任總統、雅克·希拉克擔任總理一樣，但是有一點，在台灣，"立法委"無權任命行政負責人。於是台灣人發現最終一個名叫張俊雄的人成為了台灣地區"行政院

1　張俊雄生於 1938 年，擔任過兩屆"行政院院長"（2000 — 2002，2007 — 2008）。

2　2000 — 2008 年陳水扁任台灣地區領導人。

3　陳水扁出生於 1950 年 10 月，他的從政經歷頗為荒誕離奇。1985 年他擔任《蓬萊島雜誌》的主編，因刊登文章指控東海大學教授馮滬祥抄襲，被馮滬祥告上法院，隨後陳水扁被判處 8 個月有期徒刑。這件事情卻令他聲名鵲起。出獄後，他同人合作創辦了另一本政黨刊物《民進黨》。1986 年，他被選舉為代表，1994 年成為台北市市長。2000 年，在三人競選的選舉中，他以 39% 的選票當選台灣地區領導人。2004 年，他又以微弱多數獲得連任，競選前夜他遭受了槍擊，但有人懷疑他是自導自演。2009 年，他和妻子因為腐敗被調查而後被判入獄。他在瑞士的賬戶被查出有超過 3100 萬美元。2011 年，他的妻子遭受嚴重車禍導致截癱，不能繼續服刑。2015 年，他也因為身體原因而被保釋就醫。夫婦二人開始了居家半自由生活，並被禁止任何人探望。

院長"。

2001 年 8 月 26 日，張俊雄宣佈尊重反對黨要求和台灣民意：取消前 "領導人" 李登輝[1] "慢步走" 的政策。李登輝曾經設置了台灣對大陸投資的最高限額，結果慘敗，並令香港成為台灣和大陸之間不可或缺的中間橋樑，賺足了財富。這個政策產生了反效果。這種三角系統產生的財富一分錢都沒有流回台灣。

張俊雄還宣佈了其他一些措施，尤其是根據世界貿易組織規則，對外建立商貿和物流聯繫，取消在大陸投資最多不得超過 5000 萬美元的限制（事實上，同一個項目的投資都超過了這個限制額很多倍，通常都會以各種名目拆分總額），取消對台北上市公司在大陸投資的禁令，允許在大陸開設銀行分行，允許大陸公司投資台灣房地產產業和購買台北上市公司的股票，最後，允許大陸遊客來台灣旅行。總之，大陸和台灣之間各項活動和交流趨於正常化了。至少從紙面看來是這樣。

而事實上，這些聲明在發出之前，既沒有諮詢台灣 "經濟部部長"，也沒有諮詢台灣方面負責與大陸關係的官員，也就是蔡英文 —— 當時幾乎沒有人知道這位女士，因為她負責的 "大陸事務委員會" 在台灣事務中就像四輪馬車的第五個輪子一樣可有可無。她沒有做出任何激起水花的事情。

---

1 2020 年 7 月 23 日，李登輝去世，時年 97 歲。他粉碎了蔣宋的家族統治體制。李登輝在 1988—2000 年擔任台灣地區領導人，在他之前，即蔣介石去世十三年後，台灣政壇依舊被蔣家子孫把持。

後來，當我有機會採訪蔡英文的時候，[1] 我發現她對台灣政府剛剛作出的決定一無所知。而當她被告知這些聲明時，她採取了抵抗的態度。

必須承認，陳水扁和張俊雄的二重唱並不成功，事情發展得越來越糟糕。財政賬面空了，經濟陷入停滯。

前"領導人"李登輝上台的時候，大陸那邊鄧小平剛剛宣佈實施對外開放政策。台灣因此關閉了大門，因為當局不想資助窮人。

不過今非昔比了，到李登輝去世時的 2020 年，大陸早已變得國庫充足，人民普遍過上小康生活。

玩牌的時候，大家都在想著怎麼不出局。2001 年時，台灣當局已經別無選擇。今天台灣的形勢則更加失衡。

2020 年，大陸的外匯儲備達到了 3.22 萬億美元，台灣是 4840 億美元。當然，外匯儲備不是一切，但是別忘了還有一點，台灣經濟 67% 依靠外貿，而這所謂的外貿中 60% 都是與大陸的貿易（並且是單向的），因此如果離開大陸，台灣的未來是很難想像的。

滑稽的是，從 2001 年起，台灣的政局就再沒有什麼大的改變，除了蔡英文女士搖身一變成為台灣地區領導人物。2020 年 1 月 11 日，選舉之前一個月，她甚至再次以絕對優勢擊敗對手獲得連任。香港的示威遊行挽救了她，她的人設被緊急地重新打造。從今之後，她被包裝成"反中堡壘"的最後一片城牆磚。香港的問題已經被中央政

1　用英文做的一次採訪，發表在 2001 年《亞洲事務》第 15 期。

府解決得差不多了。"台獨"勢力又開始蠢蠢欲動。

但我們是否就能得出結論，就像一些法國媒體所說的那樣，2020年台灣的"反中"情緒極其激烈？我不這樣認為。西方媒體都處在美國化的報道腔調中，台灣所謂民主的黨派在立法選舉中其實遭遇了失敗，即便這樣，在蔡英文再次當選後，法國媒體還是給出了這樣的大標題："蔡的當選給了中國沉重一擊，台灣轉向全面反中"。

哎，這報道的手法簡直太誇張了，甚至聽起來都像"假新聞"。蔡英文的政黨，從五年前就上台執政，而這次選舉中失去了 10.2% 的選票，其反對黨國民黨新贏得了 6.4% 的選票，而這得益於國民黨與大陸方面的對話溝通。

蔡英文個人獲得了 56% 的選票，而她所在的政黨在立委選舉中僅獲得了 33.9% 的選票；其反對黨——"親中"的國民黨，在立法選舉中獲得了 33.3% 的選票。

這可能也傳達出一個信息：並不是大規模"反中"就會得到選民的支持。再加上那些本來就不支持民進黨的人，超過 60% 的人贊同和大陸保持緊密聯繫，支持重返故土。總之，這與西方國家說的不太一樣。

從 2001 年起，台灣的這兩大對立黨派之間就保持著一種平衡關係，但是這種平衡並沒有在"立法委員"選舉中得到體現（現代民主經常會遇到這種情況，比如在法國和英國也是如此），因此民進黨在未來五年的執政中，將從以前的絕對多數降到只佔 61 個席位，而立法機構的民意代表選舉總席位是 113 個，這樣的佔比應該算是失敗的選舉。

台灣雖然打著現代民主旗號，但這只是一種詭辯，其本質上還是因循守舊，不斷打出"獨立"這張牌。其實很多台灣民眾發自內心地想要落葉歸根，葬在大陸。我們不能忽略這個訴求。

香港所有的"民主人士"都來為蔡英文"輝煌的勝利"喝彩，雖然他們完全不了解她。由於台灣沒有對大陸的引渡條例，因而成了官司纏身的香港"學生"自願流亡的最後選擇地點。[1] 但是最終這一波操作也以慘敗告終，因為香港學生不會講台灣話。

台灣有一個著名的流亡者 —— 吾爾開希（受西方媒體追捧的偶像，參與了"天安門事件"），美國經常試圖再利用一下這個人。[2]

1997 年開始，西方媒體圈和數不清的專家們就很喜歡誇誇其談，聊"民主化"的議題，彷彿這是個萬靈藥。香港和台灣被這個標籤連接在了一起，西方希望它們成為中國推廣民主化的實驗室。這樣

1　2020 年 7 月和 8 月，一小撮香港"民主分子"—— 其中一些人犯有製造和存儲爆炸性武器的罪行 —— 試圖乘船逃亡台灣。第一批人不識地理方位，偏航到了距離海南島 300 公里的西沙群島，船因汽油耗盡而拋錨。幸運的是，一個台灣海軍巡邏隊發現了他們。如今，這些幸存的人要求政治庇護，但他們可都是逃離出香港的犯罪分子。第二批人也逃航了，這次是大陸的海軍巡邏隊發現了他們，其中有一個著名的人物是李承恩（Andy Li）。

2　經過一系列的曲折之後，這位中國的"柯恩班迪特"（1968 年法國五月革命時期的學生領袖）來到了台灣。1989 年，他先是從中國逃亡法國，隨後又獲得了美國政治避難身份，從而獲得了哈佛大學的入場券，但一年後他因缺乏相應的學術水平且經常逃課（他在北京大學的時候也是如此）而被退學。他前往加利福尼亞散心了幾個月，而後被美國政府要求遣返台灣。近年來，一些中國分裂分子叫囂"台灣獨立"（這些分裂者都受到美國中情局相關機構的資助，賺得盆滿缽滿），吾爾開希的名字也再次出現在大眾視野中。參見：https://hongkongfp.com/2018/04/09/hong-kong-democracy-activist-joshua-wong-joins-chinese-dissidence-wang-dans-think-tank/。

的胡言亂語直到今天還在流傳。

蔣介石逃亡時，帶走了 20 世紀 30 年代的上海名流（宋美齡）。啊，如今這位名流被葬在加利福尼亞的墓地中。上海一直在那裏，沒有了他們，上海仍舊在發展重生。而台北，一個沒有歷史包袱但頗為暗淡的城市，如今依舊不甚耀眼。

中央政府伸出了示好之手，卻被台灣當局視為"有毒之手"。如果抓住了這隻手，對民進黨的領導者來說，可能意味著政治生命的終結，他們的政治生涯全部建立在美元搭建的幻象上。

但是這些人、這些想法都過時了。20 世紀 50 年代時期，台灣很有用，純粹是地理位置原因。美國在那裏佈置了一艘航空母艦。這裏比關島的美軍基地距離中國大陸要近得多。在全面冷戰時期，台灣是個理想之地。

而現在，偵察衛星、核潛艇、GPS，更不用說還有高超音速導彈，這些使得台灣在地緣政治中慢慢變得沒有那麼重要了。

不久之前，美國國防部鼓勵台灣賄賂一些太平洋小島國，比如基里巴斯島，於是台灣就賄賂了這些國家，而後美國在這些地方佈置了衛星，用於探測太平洋區域的情況。這一切都是秘密進行的。

之後，到了 2020 年，啪嗒一聲，多米諾骨牌倒了，一個島接一個島，紛紛開始倒向中國政府，因為中國已經識破了美國這個想來管閒事的戰略。中國並沒有賄賂這些國家，而是為其建設基礎設施。於是雙方爭奪的重點又回到了中國海，我稍後會再談這個問題。

台灣在發生的這一切中扮演了什麼角色？

台灣當局急需找到一個理由，來為島內低迷的經濟形勢開脫，如今台灣和大陸的經濟形勢發生了逆轉。

　　於是他們找到了兩個理由——理由當然越多越好。首先，台灣是民主範例，從來不會為了贏得選舉而去收買人心。比如儘管民進黨的執政理念對年輕人的吸引力不大，支持他們的年輕人從來沒有超過三分之一，但民進黨長期執政。另一個理由來自蔡英文的派系——台灣是一處避難所，歡迎所有受到大陸威脅的香港人來此避難。

　　看到這個理由，我大為震驚。這些所謂難民本來就是製造出來的，這些人對香港警察投擲汽油彈，這種犯罪行為在香港可是要面臨入獄的風險。香港前官員李承恩和第一批"難民"此前偷渡過來台灣，被當局接納後又放棄，這就是台灣所謂的"避難所"。事實上，2019年以後幾乎所有希望離開香港的人都去了台灣以外的其他地方。

　　對美國來說，時間並沒有白白浪費。像以前一樣，2020年，美國向台灣當局索取報酬，後者以620億美元的價格購買了美國的F16戰機，交付週期為十年，但這是一種完全過時且無用的機型。這種做法已經形成慣例了。一旦完成選舉，民進黨就要為之支付賬單了。

　　當我告訴你們，台灣之於中國就跟科西嘉島之於法國一樣，我並沒有誇張，而西方記者面對性質相同的兩件事情，卻給出了完全不同的結論。

中國和世界

1997 年 7 月，媒體的標題變成 "香港重歸龍爪控制"。我們到處都能看到類似的消息：英國的前佔領地回歸中國，中國對包括新界在內的香港恢復行使主權等。同時伴隨而來的，還有我們的猜測和臆想。比如，有 51% 的人擔心他們的自由會被剝奪，教育也成為一個敏感話題，因為在香港有 40% 的學校是教會學校，大家擔心中共可能會直接干涉當地的宗教信仰。

另一個被熱烈討論的話題是移民問題，"前殖民地"（l'ex-colonie）可能會看到大批的內地人蜂擁而至，追逐 "財富"（引號是我加的）。除此之外，我們還擔心香港的腐敗會加劇，因為內地的腐敗 "遍地開花"，還有，香港的 "黑社會" 問題恐怕也會跟著捲土重來。

"這個世界上最自由的土地該怎麼去適應它的新主人？" 法國社會學家、哲學家大衛·維克托羅夫（David Victoroff）寫道，"對那些還不太明白怎麼回事的讀者，我必須強調一點：隨著香港和大陸的牽絆不斷增強，最好不要讓香港沾染上共產主義帝國的一些毛病，比如：腐敗、任人唯親、政治主導經濟。"

大衛·維克托羅夫還借用了著名經濟學家米爾頓·弗里德曼（Milton Friedman，1912—2006）的名言："如果沒有政治自由，如何孕育自由體制？"

當然了，不管是大衛·維克托羅夫 [1] 還是《費加羅報》記者阿

1　在那個時期，大衛·維克托羅夫（David Victoroff）是《當代價值》的經濟專欄主編（1988—2013），他隨後還在法國北方信貸銀行工作過 11 年。所以，他是從哪裏得到的點評香港的本事呢？

被西方誤讀的中國

蘭·巴魯埃（Alain Barluet）[1]，他們肯定都沒有聽說過深圳，這是一座正在孕育著巨大發展前景的城市。

中國的發展，以及 2008 年的全球金融危機，都證明了米爾頓·弗里德曼的理論站不住腳。最終，任何一條他的經濟理論都沒能令人們致富。深圳的發展也證明了這兩位記者並沒有觸及事情的本質。

我之所以提到自己在 1997 年寫過的文章，是因為在我看來，要談到中國和世界的關係，這是一個非常具有象徵意義的問題。這篇文章所寫的關於對中國的固有偏見和看法，跟 19 世紀渣甸的團隊說服英國議員發動戰爭的藉口基本差不多。由此可見，早在 1839 年，文章中提到的對中國的偏見就已經開始出現了。

我們可以看到，不管現實情況怎麼樣，西方輿論一直不遺餘力地抹黑中國，給中國貼上 "腐敗、任人唯親、獨裁" 的標籤，是不是？

這是真的嗎？證據是什麼？這是不是我們的臆想在作崇？

試著反過來思考一下：我們敢說美國是一個政府腐敗嚴重的國家嗎？不敢。我們敢這樣說英國嗎？不敢。那麼法國呢？同樣不會。相反，當我們的媒體報道中國、俄羅斯、敘利亞、利比亞、伊拉克、伊朗、朝鮮、委內瑞拉和古巴等國時，腐敗這種話題張嘴就來，一直以來，出於各種目的，我們一直在拿著放大鏡反覆觀察這些國家。

仔細看看這些指控的背後隱藏的是什麼。

法國審計法院每年都會發表財務審計報告，目的是揭露預算執行

1　阿蘭·巴魯埃（Alain Barluet）現在是《費加羅報》駐莫斯科的記者，之前曾擔任 8 年《費加羅報》的外交和軍事記者。

的漏洞，根據報告，法國每年都有幾十億歐元的預算不知所蹤。事實上，這幾十億從來都不是憑空蒸發掉了。這些錢都被很多執行預算的人私吞或挪用了，並且這些人的身份很難被查出來。再來看看美國的情況，2001 年 9 月 10 日，時任小布什政府國防部部長的唐納德·拉姆斯菲爾德（Donald Rumsfeld）宣稱，美國國防部有 23 億美元的開支無從追蹤。[1] 另外還有 66 億美元（重達 6 噸紙）在伊拉克戰場被耗盡。[2] 我舉這些曾經轟動一時又很快被忘記的例子，是為了說明腐敗並不是中國專有的問題，甚至也不是某個國家專屬的惡習，而是人性的弱點。

腐敗問題自古有之，甚至從我們生活的世界誕生的那天起，它就如影隨形了，人們對腐敗的司空見慣就能說明一切。而在中國，2019年，至少已有 19 個省部級官員落馬，[3] 還審理了大量與腐敗、盜用公款和受賄相關的訴訟案件，許多人因腐敗被判刑。

然而在歐洲，人們卻無端指責中國政府是利用反腐運動清除黨內異己，因為有許多幹部在判決之後被開除黨籍。但這些人是無辜的嗎？每一場檢察院的訴訟判決可都有大量的確鑿證據。如果中國是一

---

1 參見：ReOpen911.info，"2300 Milliards de dollars disparus la veille du 11-Septembre"，DailyMotion，https://www.dailymotion.com/video/xfk1pe。

2 參見：Julien Vlassenbroeck，"Irak: 6,6 milliards de dollars en billets se sont volatilisés"，14 Juin, 2011，https://www.rtbf.be/info/monde/detail_irak-6-6-milliards-de-dollars-en-billets-se-sont-volatilises?id=6268763。

3 "2019 年 19 名部級官員落馬：趙正永等 8 人正在接受審查調查"，鳳凰網資訊，2019 年 12 月 30 日，https://news.ifeng.com/c/7speUu8SFnK。

個腐敗的國家，那麼我們也都是一樣的，只是法國設置了專門法院（法國共和國司法法院）來審理現任和前任部長們的案件。舉個例子來說，帕特里克·巴爾卡尼（Patrick Balkany）和他的妻子[1]因為腐敗被判處監禁，而隨後很快以身體健康為由被保釋出獄，你們怎麼看這事呢？

還有前任法國內政部部長克勞德·蓋昂（Claude Guéant）[2]的案子，他被指控腐敗（用現金形式），卻僅被判處一年有期徒刑，對此你怎麼看呢？在中國，他肯定要接受審判，因為他侵吞了一些本應該用於國家服務部門的預算，這種行為不僅是腐敗，還影響了這些公共服務部門的職能發揮。

弗朗索瓦·貝魯（François Bayrou）[3]存在吃空餉的問題，勒龐也是（阿蘭·朱佩在他倆之前也被發現存在同樣的問題）。不過只有勒龐因此受到了某些懲罰。弗朗索瓦·貝魯的政黨似乎並沒有面臨什麼危機，他自己最近還被提拔為計劃專員。他所在黨內最主要的證人，也於 2021 年初罹患癌症。

更不用說薩科齊的那場由監聽引發的"案中案"了，薩科齊因貪腐被判刑，他提出上訴稱這是政治迫害。發生在他身上的案子不止這

---

1 帕特里克·巴爾卡尼（Patrick Balkany）是巴黎西北郊上塞納省勒瓦羅瓦—佩雷市市長，他的妻子伊莎貝爾·巴爾卡尼（Isabelle Balkany）是該市第一副市長。

2 克勞德·蓋昂（Claude Guéant）生於 1945 年，在薩科奇政府時期擔任法國內政部部長。

3 弗朗索瓦·貝魯（François Bayrou）出生於 1951 年，曾任法國教育部部長（1993—1997），2017 年 5 月出任法國司法部部長，2017 年 6 月受到歐洲議會"空餉門"影響而辭職。

一件，還有之前的競選資金案。然而針對他的調查週期是如此之長，讓人覺得難以理喻。

還有法國前總理愛德華・巴拉迪爾（Edouard Balladur）[1] 吃回扣籌集資金競選總統一案，調查週期非常長，最終 91 歲的右翼政治家巴拉迪爾被判無罪，他內閣的國防部長萊奧塔德（François Léotard）[2] 被判共謀濫用資產罪獲 2 年有期徒刑，緩期執行。

結論很簡單，職位越高，調查審判的過程越漫長。[3]

指控中國是一個腐敗國家，而我們不是，這是一個不嚴謹、不誠實，同時又帶有種族主義偏見的結論。

"任人唯親"也是中國經常被詬病的問題，然而，其實中國政府從來不會沒有理由地隨意培養和提拔官員。相反，歐洲人非常吃驚地發現，在中國有一個名為"公務員考試"的制度，不管什麼出身的年輕人都可以參加考試，憑成績被錄取。

中國採用的是一種選賢任能的制度，西方並非如此，比如東印度公司向來任人唯親，曾經有個才能傑出的英國人就是這個體制的犧牲品，他就是新加坡的奠基人斯坦福・萊佛士爵士（Sir Stamford

---

1　愛德華・巴拉迪爾（Edouard Balladur），生於 1926 年，戴高樂派政治家，1993 — 1995 年任法國總理。

2　弗朗索瓦・萊奧塔德（François Léotard），生於 1942 年，法國前國防部部長。

3　關於這個主題，我們已經舉過法國預算部長傑羅姆・卡於扎克的腐敗案例，這個醜聞令法國及其海外僑民蒙羞，如果這種事情發生在亞洲，一定會被嚴查。中國對官員的腐敗向來是零容忍。官員個人玩忽職守對於整個社會來說是不可原諒的，因為腐敗行為積累多了必將導致整個社會凋零。只有解決了這個問題，現在的民主還有救。遺憾的是，思想上的腐敗如今非常普遍。

Raffles）[1]。他擔任印度尼西亞總督多年，一直得不到提拔，而他的上級明托伯爵（Lord Minto）什麼都不用做，仕途就一路高歌猛進，成為印度大總督。印度總督[2] 這個職位一直以來都是為出身貴族家庭的政客預定的。

最典型的例子是阿瑟·韋爾斯利（Arthur Wellesley）[3]。在當時，官爵職位是可以購買的。23 歲的時候，他成為"上校中尉"，之前他是愛爾蘭首相的副官，這是個只能通過捐款才能得到的官職。他的哥哥理查德·韋爾斯利（Richard Wellesley）[4]，莫寧頓勳爵，1796 年被任命為印度總督，於是這位哥哥任命自己 27 歲的弟弟擔任塞林伽巴丹（Seringapatam）和邁索爾（Mysore，印度的城邦）的長官。1805年，理查德結束任期回到英國，阿瑟·韋爾斯利追隨哥哥回國，這證明了這些都是家族生意，完全不看個人能力。

類似職位在歐洲極其常見，純粹是任人唯親的產物。中國並不存在這種情況。1949 年之後的中國，沒有任何一個中國領導人在孩提時代就確定了自己能成為領導人，也沒有任何人僅因為出身就能走上權力巔峰。誠然，習主席的父親是一位開國元勳，但是習近平曾到農

---

1 斯坦福·萊佛士爵士（Sir Thomas Stamford Bingley Raffles，FRS，1781－1826），英國殖民時期重要的政治家，對於新加坡的開闢、建設、法制和長遠的規劃藍圖作出了傑出貢獻。

2 印度總督（Governor-General of India）指英國在印度的管理首腦。從 1773 年這個總督頭銜被授予沃倫·黑斯廷斯到 1950 年印度共和國廢除這一職務，共有 45 人擁有這一稱號。

3 阿瑟·韋爾斯利（Arthur Wellesley，1769－1852），第一代威靈頓公爵，英國軍事、政治人物。

4 理查德·韋爾斯利（Richard Wellesley，1760－1842），英國政治家，威靈頓公爵的兄長。

村當過知青，隨後考入大學學習，然後經過自己的努力一級一級地晉升，最終才成長為中國的領導人。這個體制就是這樣，在他那個年代出身好的也許有利於考入學校或者大學學習，但踏上工作崗位之後只有靠能力出眾才會被委以重任。

中國的做法跟美國式的任人唯親有著很大的距離，美國系統化的腐敗產生了一些家族的政治朝廷（比如布什家族、克林頓家族，還有神秘的肯尼迪家族等）。媒體從來不會對特朗普的女婿傑瑞德‧庫什納成為"顧問"而感到惱怒，此人在 2009 年迎娶了特朗普的大女兒，又代表岳父與伊拉克談判——這一幕讓大家感覺似乎退回到了 19 世紀。還有拜登的兒子，亨特‧拜登（Hunter Biden）在烏克蘭投資數百萬美元用於研製生物武器，記者們對這類醜聞同樣視而不見。這種情形在中國也是不可能發生的。

指責中國任人唯親，會使人忽略這個國家真正的權力組織方式及其官員選拔制度。我們又拾起 19 世紀的論調，在那個時期的歐洲，以保護貴族的特權為由，他們宣稱有權任人唯親。西方很少存在像中國這樣任人唯賢的制度，如果有的話，法國勉強算（比如創辦了培養政治精英的國立行政學院）[1]。因此，我們的西方媒體批評中國是一個任人唯親的國家，這是非常可笑的。

至於對中國的政治凌駕於經濟之上的批評，這些批評站得住腳

1　又譯為法國國立行政學校，1945 年創建於巴黎，招收對象主要為高等院校畢業生和在行政部門服務五年以上的文官，畢業生根據成績分別進入法國政府上層或中層領導機構充當行政官員或經濟管理官員。——譯者注

嗎？如果中國的政治可以凌駕於經濟之上，那該如何解釋中國的脫貧幫扶政策，使數以億計的人從中獲益？

這從一個側面證實了在中國經濟發展是極為重要的。在法國和歐洲其他一些國家，才是政治凌駕於經濟之上呢，否則如何解釋我們一再放棄制定五年計劃，現代民主也幾乎成了一種暴政，譬如為了取得選舉的勝利，政客們言行不一，導致出現很多匪夷所思的後果，就連僅佔 3% 人口的黨派聯盟也能成功當選（比如在之前的法國第二輪市政選舉中，法國總統馬克龍領導的前進黨在多個市鎮遭遇重挫，綠黨取得了除巴黎外幾乎所有法國重要市鎮的選舉）。

我要說明一點，中國從來不妄議其他國家的內政，但是很明顯，事實上有六成法國人面對選舉都選擇了棄權，這是法國面臨的一個很嚴重的問題。

結果就是出現了一系列的經濟危機，因為企業成了最終的決策者。最終致使一部分人淪為絕對貧困人口。

這便解釋了為什麼法國電信業都被法國電信旗下的一家運營商（Orange）壟斷並足足落後了二十年。法國電信業在很多方面都存在問題，比如網絡互聯互通，還有 5G 網絡的建設（中國雲南省 2019 年就建成 5G 網絡了！），八年前就開始的覆蓋全法國的光纖建設工程至今還沒有完成 —— 當最終實現光纖覆蓋全國的時候，這些設備估計都已經老化廢棄了。這也從側面反映出法國不同地區之間發展得極不平衡。Orange 公司則自吹自擂，用鋪天蓋地的廣告來掩蓋真相。

我們將自己內心很多隱藏的想法強加給了中國，並認為中國想要追求霸權主義。我相信這個詞在中文裏是貶義的，而且我更確定的是，對於中國領導人來說，他們的第一要義是發展經濟，是帶領 14 億人走向共同富裕。

第一次世界大戰後，美國開始尋求世界霸主地位，[1] 而中國的發展議程上從來沒有這一項。

1　威爾遜主義（Wilsonianism）以時任總統威爾遜（Thomas Woodrow Wilson，1856 — 1924）的名字來命名。

世界和中國

2018 年 5 月 27 日，我在查爾斯頓（Charleston，南卡羅來納州）參加一個為期 22 天的汽車拉力賽。共有 60 輛老爺車參賽，車隊成員大都是英國人，[1] 我們將從東海岸開向西海岸，經過加爾維斯敦正南部、新奧爾良等地。汽車從這些人跡罕至的道路經過，讓我想到了這個事實：美國不只有紐約、華盛頓、芝加哥和洛杉磯，更不是只有好萊塢。本次拉力賽最終在西雅圖結束，這是谷歌和波音公司的總部所在地（公司甚至有私人飛機場）。

查爾斯頓是一座神秘的歷史古城，民俗學考證屬南軍（南北戰爭時候擁護南方的軍隊）。19 世紀時很多大家族都來自這裏。這裏是法國克里奧爾人（法屬聖多明戈）的起源地，可以看到漂亮的殖民地建築，有一些已經破敗不堪了，很實用地被分隔成了很多住宅。這裏最好的一座旅館也有些年頭了，名字叫露莓旅館，儘管已經被翻修一新，但看著仍然有些陳舊。時間在這裏彷彿停滯在了。

我們先去取車，車是一個月前從歐洲提前運來的，被放置在一個海關的貨倉裏，貨倉由通用動力公司的幾個英國人在管理。通用動力公司坐落在一個叫“基地”的地方（查爾斯頓聯合基地），這裏有超過 53 個美國陸軍和海軍指揮中心（包括核威懾力指揮中心）。總之，這個基地僱傭了 79000 名員工，佔地 84 平方公里。為了對這個基地的規模有更清楚的概念，可對比一下查爾斯頓內城在 2014 年只

---

1 只有我和我的夫人是法國人，我們倆七十來歲，但並不是隊伍裏最年長的！

有 126000 名居民，[1] 而在今天，加上其郊區，這座城市已經是美國第
33 大城市，人口有 80 萬。

　　軍費支出在美國所佔比重之大是顯而易見的，我們進入基地時，
經過了層層軍事檢查，隨後看到了成堆的廢棄悍馬[2]——這在 1991
年的伊拉克戰場上可是最先進的車輛，數量有幾百輛，外表畫著頗具
特色的黃色圖案，主要為了沙漠中作隱蔽。其中一半以上的車輛看起
來跟新的一樣，從來沒有開到過中東。這得花費多少美元？很難算清
楚，但可以確定的是，所有錢都以各種名義流向了通用動力公司的賬
戶，這家上市公司唯一的客戶是美國國防部。

　　隨後，在得克薩斯州，我們穿越村莊、小鎮、城市，在神秘的
66 號公路[3] 的一段路的兩旁，看到了一排排叫不出名字的木板屋，
外牆上畫著斑駁脫落的圖案，如今這段公路已被棄置。唯一亮麗的地
方是"無名戰士谷"，這裏的人行道被重新刷了漆（其他地方都沒有
這樣做），人行道盡頭是一小塊墓地，佈滿了純白的十字架，並排安
葬著戰爭"英雄"們，不止有二戰的，還有隨後其他戰爭的（朝鮮戰

1　"Charleston, SC Population and Races," USA.com, http://www.usa.com/charleston-sc-population-and-races.htm.

2　高機動性多用途輪式車輛（High Mobility Multipurpose Wheeled Vehicle，HMMWV），又稱
悍馬，是 AM General 製造的四輪驅動軍用輕型卡車。

3　美國 66 號公路（Route 66），被美國人親切地喚作"母親之路"，從伊利諾伊州芝加哥一
路橫穿到加利福尼亞州洛杉磯聖塔莫妮卡，全長約 3939 公里，在美國版圖上呈一條對角
線。出於宣傳目的，66 號公路曾被美國 66 號公路組織命名為"美國主幹道"，它響亮的
名氣也成為 20 世紀美國流行文化的元素。學者邁克爾·華利斯則稱"66 號公路之於美利
堅民族，好比一面明鏡"。——譯者注

爭、越南戰爭、最近的伊拉克戰爭、阿富汗戰爭和敘利亞戰爭）。

我們於是明白了，對於這塊沒有任何經濟活動的廢棄之地來說，戰爭是唯一的產業。我們從查爾斯頓行駛到西雅圖，沿途穿過納什維爾、奧斯汀、休斯敦、聖達菲和其他知名與不知名的地方，幾乎每處都有這樣的 "無名戰士" 墓地，墓地修建和維護的費用全部來自美國國防部。同敵軍公佈的死亡數字相比，美國人在這些戰爭[1] 中的死亡率很低，從中可以推論出：美國國防部以這樣或那樣的形式，養活了很大一部分農村人口。

"無名戰士"（其中很多人都沒有去過戰場）的數量，並不能合理地解釋為什麼有如此多的墓碑。還有，如何解釋南北戰爭（19 世紀中葉）這麼多年後，西雅圖的這些地區仍被國防部管轄呢，這裏以後也會滿佈 "無名戰士墓" 嗎？

美國國防部的預算是獨立的，並不取決於美國的經濟狀況，也不與其國家預算掛鈎。2019 年，美國的國防開支高達 7160 億美元。[2] 2021 年 12 月，美國參議院以 88 票同意、11 票反對，通過了將國防開支提高到 7700 億美元的法案，儘管此時美國在阿富汗的軍事行動已經結束了。這個決定看起來與美國的財政預算毫無關係，戰爭的結束也並沒有讓美國節省一部分軍費開支。

1　1939—1945 年期間死亡人數為 4292000 人；越南戰爭死亡人數為 47400 人；朝鮮戰爭死亡 33700 人；2001 年後，在中東和阿富汗各種衝突中，死亡人數不少於 6000 人。

2　2010 年，美國軍費開支近 7000 億美元。如今，達到了 7700 億美元（美國 2021 年國民生產總值超過 23 萬億美元，軍費開支佔比超過 3%）。

這個例子很好地印證了專家們都心知肚明而公眾卻毫不知情的一個事實：美國只有 10% 的軍費開支用於了對外戰爭。2022 年大約有 7000 億美元用於養肥那些軍工複合體企業、"無名戰士" 以及他們的親屬，等等。這本書還沒有提到一些 "智庫"，它們的作用就是為美國國防部的利益服務，國防部為這些所謂智庫提供資助，後者則是國防部一些退休官員的大本營。

　　為了解釋巨額軍費開支的必要性，美國需要找出各種理由。在過去，理由是要為了對抗蘇聯和斯大林。冷戰結束後，美國一度找不到新的理由。這種情景令美國軍工企業的生意受損，這批軍工聯合企業曾在冷戰中大發橫財。

　　二戰後，很顯然，美國在國際舞台上的敵人一直是蘇聯。然後，忽然之間蘇聯解體了。人們以為會出現一個多極世界，然而擔任小布什政府國防部部長的迪克・切尼（Richard Bruce Cheney）[1] 可不這麼

1　迪克・切尼（Richard Bruce Cheney），1941 年生於美國內布拉斯加州的林肯市，在擔任美國副總統（2001－2009）之前，曾任世界最大的石油巨頭美國哈利伯頓石油公司的首席執行官。

想，他命令國防部副部長保羅‧沃爾福威茨（Paul Wolfowitz）[1] 起草一份秘密報告，用以指導美國未來的發展方向，報告指出如今蘇聯不存在了，必須避免將來在國際社會上再出現一個能與美國實力相抗衡的國家。這種做法引起了公憤，但美國不管不顧。這份報告也正是2001年美國轉向新保守主義的行動指南。[2]

今天，在對外政策方面，美國民主黨和共和黨罕見地達成了共識。兩黨都贊同茲比格涅夫‧布熱津斯基（Zbigniew Brzezinski）[3] 的觀點，他是民主黨總統吉米‧卡特（Jimmy Carter）執政期間的國家安全顧問，數年後執政的奧巴馬又實施了同樣的戰略。

---

1 保羅‧沃爾福威茨（Paul Wolfowitz），出生於紐約市一個從波蘭移民到美國的猶太家庭。2004年，《伏爾泰》雜誌上發表文章稱："保羅‧沃爾福威茨看起來睿智、光彩奪目，作為列奧‧斯特勞斯的忠實信徒，他擅長炮製威脅論，為其新冒險活動爭取增加的軍費開支。他提出了先發制人學說，即對‘新興競爭者’進行預防干預和恐嚇的理論。"此外，他還毫不猶豫地使用軍事權術，並將這些強加灌輸給軍官們。他的職業生涯在2007年遭遇了滑鐵盧：在擔任世界銀行行長後，他自詡反腐英雄，決定向世行腐敗的受援國和世行內部僱員們開刀，然而他自己卻牽扯進一件醜聞——違規給自己的女友沙哈‧麗扎（Shaha Riza）在世行內部升職加薪。他也因此醜聞被迫辭職。2011年，他加入了美國企業公共政策研究所。

2 當我們批評中國任人唯親時，不要忘了時任國防部長唐納德‧拉姆斯菲爾德（Donald Henry Rumsfeld）邀請了自己的私人朋友迪克‧切尼來為自己工作。迪克‧切尼數年後成為布什政府的副總統，又重新任命唐納德‧拉姆斯菲爾德擔任國防部長。拉姆斯菲爾德推動了美國歷史最長的戰爭——阿富汗戰爭。在他最風光的時候，我在馬來西亞見過他一次。非常的高傲和無知，很難相處。他是純粹美國精英教育的產物，深信美國肩負神聖使命。

3 茲比格涅夫‧布熱津斯基（Zbigniew Brzezinski），1928年生於波蘭，2017年去世。他的父親是一名波蘭外交官，曾任駐加拿大蒙特利爾總領事。二戰前後，布熱津斯基是堅定的反俄派，他的博士論文是研究蘇聯的集權主義，並因該論文獲得哈佛大學的一個教職（1953—1960）。1966年，他以政治顧問身份進入美國政府工作。

這個時期，茲比格涅夫·布熱津斯基寫了一部著作——《大棋局》，在書中闡述了一套可供美國選擇的全球戰略構想和地緣政治策略：

> 首先，要明確哪些國家在地緣政治上真正活躍，在世界舞台上擁有撼動世界格局的能力。第二，制定特殊政策，用以抵消這些國家對美國產生的負面影響；採取措施聯合或者控制這些國家，以便保持和推進美國的國家利益……這三條地緣政治策略可以總結如下：避免小國之間相互聯合，美國以提供安全保障的名義維持這些國家的附屬國地位；培養願意順從於被保護策略的國家；阻止野蠻的國家組成聯盟對抗美國。

因此，我們要從這個總戰略原則出發，來看美國和中國的關係，以及美國和世界上其他國家的關係。[1]

在美國門石研究所政策委員會[2] 發佈的一份報告上，邁克·蓬佩奧對中國共產黨大加誣衊和指責。

2020 年 1 月，國務卿蓬佩奧又發表言論稱："中國共產黨撒謊

---

1 我們一直在談論中國的事情，但歐洲和俄羅斯難道不是一直在受到美國的擺佈嗎？只要看看一系列阻止歐洲和俄羅斯接近的事件就　明了。克里米亞地區公投後重歸俄羅斯是美國方面沒有想到的。在烏克蘭問題中，歐洲的表現也堪稱幼稚，從長遠來看，歐洲人遠遠不能保證自己的利益，他們保護的只是美國的利益。

2 《西方要警惕中國的心口不一》，參見：Giulio Meotti，"The West Needs to Wake Up to China's Duplicity"，Gatestone Institute, March 28, 2020, https://www.gatestoneinstitute.org/15804/china-duplicity_。

了，這嚴重地影響了我們對疫情的行動和防控……"我們知道這種指控跟美國當年歪曲事實的能力相比是小巫見大巫：2003 年 2 月 5 日，美國時任國務卿科林·鮑威爾曾在聯合國宣稱薩達姆·侯賽因擁有大規模殺傷性武器，在沒有任何證據證明該國總統對世界格局造成威脅的情況下，美國就發動了伊拉克戰爭。

門石研究所是美國用來作為槍使的智庫，而這樣的智庫還有很多。美國希望藉助權威的聲音來發佈假消息和攻擊敵人，而這些假消息大部分來自美國中情局。此類證據太多了，讓我就此打住不一一贅述。[1]

除此之外，美國政府某行政部門進行重組，隨後一份美國為 2019 年香港暴力活動提供資助的賬單被泄露了。這個幕後的部門叫做"美國全球媒體管理局"，管理著"美國之聲"（1976 年由傑拉爾德·福特 [Gerald Ford] 創辦，主要目的是讚頌對越南戰爭的功績）和自由亞洲電台，此電台經常邀請新疆問題的造謠者鄭國恩擔任嘉賓。要指出的是，美國國會對這兩個電視台的內容沒有任何評判，卻一直不停地抨擊"今日俄羅斯"以及新華社是"偽"新聞媒體。

1　例如，基於匿名信息源，《紐約時報》曾發表文章，指控俄羅斯資助西藏人士槍殺美國士兵，還指控維吾爾族婦女被強制絕育，然而維吾爾族人口這些年來暴增，遠遠超過西方人口的增長速度 —— 這些在紐約有人知道嗎？另外在香港問題上，我們能看到成千上萬的報道，絕大部分是那些從來沒有去過香港的大學教授和學者們編寫出來的。
　　1945 年之後，紛紛成立各種機構（通常稱為研究所）成為西方的一種策略。有一家"澳大利亞戰略政策研究所"僱傭的都是分裂中國或者其他國家的人士。

此次美國全球媒體管理局的財務重組顯示，[1] 200 萬美元被用於資助香港所謂的 "民主" 運動。想像一下（法國人口是香港的 20 倍），若按照這個比例推算，就相當於法國人發現美國資助了 2000 萬美元用於支持黃馬甲運動，試想一下法國人該有多憤怒！可能法國總統都要被氣得中風吧。

　　當然了，接受這筆資金的人一直都在否認，比如前文提到過的 "反中亂港" 分子黃之鋒，此人在香港《國安法》頒佈前夕宣佈辭去職位並將行政檔案和資產轉移至美國，這和他之前極力否認的顯然自相矛盾。

　　所以是誰在害怕？

　　美國是怎麼資助這些境外的分裂活動的呢？對於已經到位但是還沒來得及進入香港的資金（這只構成了總金額的一小部分），會由 "開放技術基金" —— 一個號稱 "獨立運作" 的非政府組織 —— 來進行分配。要注意這些非政府組織儘管號稱 "獨立"，但是不管你還是我，沒有任何人給他們捐過一分錢。至於 "開放技術基金"，這個組織的所有資助都來自美國國會，所以為什麼要自欺欺人地聲稱這家機構是一個非政府組織呢？

　　這個偽獨立的組織實質上是為美國服務的工具，其宗旨是通過研發一些手機應用程序（App），給那些反對中國政府的遊行者之間的溝通加密，以避免被中國警方破譯（這款 App 適用範圍很廣，除了

1　參見《南華早報》文章，2020 年 7 月 1 日。

香港還應用到其他挑動反對當地政府的地方）。

事實上，根據一本雜誌[1] 所說，從 2012 年起，開放技術基金已經投入 300 萬美元用於研發加密社交應用 "Signal" ![2]

如果我們仔細觀察一下所有的反政府遊行，就會發現還有另外一家機構的身影閃現其中。這家機構一度成為很多地方 "橙色革命" 的始作俑者。對，這家機構就是 "美國國家民主基金會"（National Endowment for Democracy，NED），它插手了烏克蘭事務和委內瑞拉選舉，只是前者成功了，後者以失敗告終。

至於香港，中國的一個自治身份保持 50 年不變的特別行政區，美國民主基金會僅在 2013 年就在此地花費了 695031 美元。2019年，這個數字是 64.3 萬美元。毫無疑問，這表明香港的某些人正是受僱於美國國會。當地所謂的 "民主" 遊行都是在美國的操控下進行的，而這種操控至少始於 2013 年，其根本目的是為了維護美國政府的戰略目標，而置當地政府的利益不顧。

二戰之後，美國拿出正當或並不太正當的理由，資助了很多國家的反對派推翻當地政權的運動。當然了，這些都是美國不喜歡的政權，要列出這個名單需要很長時間，並且也屬事後追溯。

對於美國國防部的僱員和一些公司來說，比如洛克希德公司、

---

1 即《時代週刊》。

2 美國一家科技媒體報道稱，"'Signal' 是一款 Open Whisper Systems（O.W.C.）公司開發的應用軟件，主要適用於公民間諜活動頻發的地區。" O.W.C. 是一家創建於 2013 年、總部位於洛杉磯的黑客公司。該公司由 O.F.T.（國防部的一家機構）資助，因此很難相信這家公司可以獨立於美國及其國家目標。

BAE 系統公司、諾斯羅普・格魯曼公司、泰雷茲集團、雷神技術公司……這份名單並不全，多極世界的和平狀態無異於一場噩夢。我們已經看到了中國大陸和台灣地區之間被製造出來的緊張局勢，2020年 8 月，蔡英文同洛克希德・馬丁公司簽下 620 億美元的巨額訂單，為台灣人民購置了一批無用的戰機。另一家公司——諾斯羅普・格魯曼公司，也從台灣攫取了大量美元，用於為其置換廢棄的遠程導彈（"民兵"導彈）。這些導彈就像我在前文中提到過的查爾斯頓的悍馬車一樣，是被棄置不用的。當然，所有這些花費都是由台灣地區的納稅人買單。在我看來，這無異於詐騙，某些人則稱之為"保護費"。

世界的導演

現在有數不清的智庫在探討人類的福祉和我們的前進方向，但我們對於這些智庫的設立目標、運作機制和招聘機制一無所知，並且更糟糕的是尚未意識到這個問題的存在。很多法國電視頻道每天不間斷地向我們灌輸大量加利福尼亞[1]拍攝的蹩腳平庸的節目，這些智庫則不斷地向我們灌輸著單一的思想和體系。在宗教的輝煌時代，教皇對其基督教徒也是這麼做的。關於這個課題，可以讀一下愛德華‧S.赫爾曼（Edward S.Herman）和諾姆‧喬姆斯基（Noam Chomsky）合著的名作——《製造共識：大眾傳媒的政治經濟學》，這本書揭露了操控人類行為的心理學機制。

賓夕法尼亞大學每年都要發佈《全球智庫報告》，提供全球智庫的索引和排名。根據其發佈的 2019 年的智庫報告[2]：2019 年，美國有 1871 個智庫；緊隨其後的是印度和中國，分別有 509 和 507 個智庫；法國的智庫現在僅剩 203 個，少於俄羅斯的 215 個智庫。

在美國，這些智庫中有 408 個分佈在華盛頓附近，距離五角大樓不遠。紐約有 150 家智庫，這裏是聯合國總部所在地，也是很多金融機構所在地。當然了，多年蟬聯榜首的全球最佳智庫肯定是美國的：

---

1 我對法國觀眾每天觀看的美國電影和電視節目做了一個快速的調查，結果發現，法國電視一台每天播放八小時美國電影或者電視劇，佔了該頻道整個播出時間的 40%。法國二台和其姊妹頻道播放美國影視劇的時間稍微短一點。TMC 電視台每天播出美劇時間超過七小時。ARTE 電視台主要播出歐洲的節目。我們在電視上很少能看到中國和俄羅斯的影視劇和節目。

2 "2019 Global Go To Think Tank Index Report," Scholary Commons, https://repository.upenn.edu/think_tanks/17/.

布魯金斯學會。那麼，還記得吧，我們前面講過 "通俄門" 中偽造證據的分析師，他不正是布魯金斯學會的成員嗎？是的，這些機構都已經同政治和選舉攪合到一起了。

美國之外，排名靠前的兩家智庫是布魯蓋爾研究所（主要為歐盟服務，專注於研究經濟領域）和倫敦國際戰略研究所。接下來是名聲沒那麼響亮的位於巴黎的法國國際關係研究所。

這份智庫排名能說明什麼呢？只有奉行大西洋主義的那些智庫，也就是說支持美國政策的智庫才會排名靠前。或者換個角度看，我們是否可以這麼說，要想排名靠前，只要支持永久戰爭戰略，為五角大樓的軍費開支辯護就足夠了？

布魯金斯學會這樣定義其使命："開展高質量的獨立研究，並據此提出具有創新精神和實用性的政策建議，以實現三項使命：強化美國民主；促進美國人的經濟和社會福利、安全保障和機遇；確保一個更加開放、安全、繁榮和合作的國際體系。"[1]

強化美國民主，這個目標可能就解釋了美國為什麼要資助香港或者烏克蘭的暴力活動，其官方論調是：誰攻擊民主誰就是攻擊美國民主。中國和中國的智庫會將這樣的使命作為自己的目標嗎？顯然不會。更別提布魯金斯學會其他的目標了，比如轉移大家的注意力，讓人們忽略這一事實：國際刑事法院的兩個對手正是美國和以色列，這

1　布魯金斯學會的三項使命原文是：1. Strengthen American democracy; 2. Foster the economic and social welfare, security and opportunity of all Americans; 3. Secure a more open, safe, prosperous and cooperative international system。

兩國都不太正視國際組織。[1]

再舉一個例子 —— 卡內基國際和平基金會。一個多世紀以來，這個基金會的使命是："為決策者提供全球性、獨立性、戰略性的洞見和創新理念，以促進國際和平與繁榮。"[2]

卡耐基和平基金會是如何看待中國的呢？中國是抗拒美國新思想的頑固派嗎？中國只有過時的 "共產主義" 思想嗎？這一切都阻礙了 "美式和平" 嗎？

如果我們研究一下歐洲的智庫，就會發現法國國際關係研究所的對華觀點基本上可以用顧德明（François Godement）[3] 的觀點來概括，至於英國的倫敦國際戰略研究所和查塔姆社（Chatham House，又名英國皇家國際事務研究所），這兩個機構既反中又反俄。

要找到關於中國的相對嚴肅的信息，就得去翻看其他國家的智庫提供的報告，比如印度、馬來西亞、新加坡甚至香港的智庫。然而歐洲人很少這麼做，因為我們的媒體和智庫向大家灌輸了太多關於中國的亂七八糟的觀點。我們的智庫也從不缺乏資金，經常在很多著名的場所舉辦各種各樣的論壇和酒會，而其他國家智庫提供的關於中國的嚴肅信息就這樣被淹沒了。

1　比如，美國和以色列都不是國際刑事法院（ICC）的簽約國，拒絕接受國際法院管轄。—— 譯者注

2　即 "providing decisionmakers global, independent, and strategic insight and innovative ideas that advance international peace and prosperity"。—— 譯者注

3　法國外交部亞洲事務顧問。—— 譯者注

最終，我們看到的中國的形象如此負面也就不足為奇了，因為有一個完整的系統來操控這一切。

這也解釋了為什麼在西方總有人不停地問我一些問題，這些問題的答案對亞洲人來說不言自喻，而在布魯塞爾、倫敦或巴黎，卻從來沒有人聽說過。至於美國人，我向大家講述一件軼事，事情發生在吉隆坡舉行的第 16 次亞太圓桌會議期間（2002 年 6 月 2—5 日），該圓桌會議由"戰略與國際研究院"組織，我連續十二年都擔任他們的演講嘉賓。

一天，兩場會議之間的茶歇時分，一個美國人走過來問我是否了解中東地區。當年正值美國前國防部部長唐納德·拉姆斯菲爾德陷入伊拉克戰爭泥潭。

毫無疑問，這個美國某個部或者中情局的官員知道我剛從埃及、伊朗和敘利亞回來。

"您了解伊拉克嗎？"

"了解得不多，"我告訴他，"但是我九月份剛去過那裏。"

"那麼，您也許可以解答我的疑惑，"他對我說，"您覺得我們能夠在伊拉克建立一個摩洛哥那樣的體制嗎？"

"在摩洛哥，有一個自稱是真主繼承者的國王，"我告訴他，"但在我看來，在伊拉克實行君主制是不太可能的。為什麼這麼問？"

"因為我想到了就隨口一問。"

後來，這個人被證實是唐納德·拉姆斯菲爾德的人，小布什政府的國務秘書，他被拉姆斯菲爾德選中，負責入侵伊拉克事宜。在檔案中，可以看到這名官員背後的家族很顯赫，而美國陷入伊拉克戰爭泥潭而實質上失敗後，他被安排進入華盛頓的一家智庫工作！我們只能默默祈禱他不要負責中國事務吧。

誰在治理中國？

2019 年 10 月 17 日，星期四，我駕車從攀枝花市前往澄江市，這兩地之間相距 300 多公里，中途經過雲南省的省會昆明市（海拔 1891 米），這裏生活著 700 萬人口。

昆明市有著沉重的歷史。很久之前，大概在 19 世紀，這座城市曾被外邦人"佔領"。法國人在此地勢力很大，並在此修建了一條直通越南河內的鐵路。[1] 來自巴黎的各路使團群體紛紛入駐昆明，於是法國在此地設立了領事館。二戰期間，蔣介石和美國在昆明建立了同盟國軍事指揮部，主要負責東南亞戰區，指揮部裏集合了美國人、英國人、中國人（當權的國民黨）和法國人，這裏的軍事行動策劃有針對毛澤東的部隊的，有打擊日本侵略緬甸的，還有反印度共產黨的。在當時，法國還是越南的宗主國。

1949 年，毛澤東成為中國的領導人，昆明的軍事中心被關閉，工作人員被疏散，這座城市也逐漸淡出視綫。一直到 2014 年 2 月底，昆明火車站爆發了一次恐怖襲擊，29 人遇難，130 多人受傷。前文我們已經講過恐怖分子在阿富汗、巴基斯坦和伊斯蘭恐怖組織之間的流竄，今天這種情況依然存在。

再說回我的 2019 年中國之旅。在中國，攀枝花是一座不太引人注目的城市，它坐落在四川省南部的長江沿岸，人口僅有 100 萬，主要特點是礦產豐富。這裏蘊藏著豐富的鐵、釩、鈦等礦產資源。這座城市非常現代化，就像中國很多其他地方一樣，我們發現 5G 網絡在

1　如今這條鐵路還在運行。

這裏已經非常普及，大街上也可見保時捷跑車。

云南澄江是我們當天的目的地。這是一座位於撫仙湖畔的旅遊城市。撫仙湖面積為 219 平方公里，湖深 155 米。2004 年，考古學家發現了這個湖泊深處有石頭建築，其上裝飾著精美的檐壁。直到今天，中國的考古學家也不甚清楚究竟以前是什麼人生活在這裏。根據史料記載，西漢時期（公元前 202 年至公元 8 年）雲南地區曾經有個俞元城，然而到了隋唐時期，這座古城消失了。那麼撫仙湖底是否就是這座古城呢？答案也許在未來能揭曉。

當我們沿著撫仙湖閒逛時，甚至以為自己是沿著意大利的某個湖泊在散步。我當時就聯想到了意大利的科莫湖，但撫仙湖要更大一些。撫仙湖的一邊岸上是一排排帶花園的房子，花園裏種滿了熱帶植物，處處都是棕櫚和柏樹。這座湖泊距離昆明城區僅僅 60 公里，昆明人週末經常來此地休閒。

走在這大片的自然風光中，我們發現遠處赫然佇立著撫仙湖希爾頓酒店（玉溪店）[1]。這是一個綜合體酒店，由帶游泳池的別墅組成，整個酒店位於一個被廊柱環繞的大塊空地上，主體建築是七層的客房和總統套房，游泳池可以租給個人使用。總之，這是一個可以媲美拉斯維加斯華麗風格的酒店，當然，所有一切都是用大理石建造的。酒店的房間都帶有露台，景觀非常宏大壯觀。

我為什麼要講到這個酒店呢？因為習近平主席在雲南省考察期間

---

[1] "Explore Chengjiang County," Tripadvisor, http://www.tripadvisor.com/HotelReview-g1575828-d792386-Reviewa-Hilton Yuxi Fuxian Lake-Chengjiang Country Yunnan.html.

曾下榻該酒店，撫仙湖是考察行程的一部分。中國領導人有一個共性：非常熱愛自己國家的大好河山。

2000年初，法國媒體將一些從政的中國領導人後代稱為"紅色太子黨"，意思是第一代共產黨員的家族朝廷的繼承人[1]，只要快速瀏覽一下這些高官後代們的職業生涯，就會發現"太子黨"的綽號是西方媒體有意編造出來的。在中國，一旦踏上從政之路，所有人都要進行艱苦的奮鬥，才能夠擔任更重要的職位。

在中國，一個人的政治生涯不是由電視上的辯論決定的，作為國家公僕，習近平是從艱難環境中走出來，然後一步一個台階，足足用了四十餘年時間才成為國家最高領導人。這與通過一年的競選辯論便當上國家領導人完全不可同日而語（比如唐納德·特朗普和埃馬紐埃爾·馬克龍）。

1983年，習近平30歲，他成為河北省正定縣委副書記，隨後擔任縣委書記。正定縣位於北京南部，隸屬河北省，歷史悠久，有"古建藝術寶庫"之美稱，現在有50多萬人口，在中國的三級行政區劃中屬最低一級。

1993年，習近平40歲，此時他已經擔任福建省福州市委書記三年了。福州平潭縣是距離台北市（台灣）最近的縣，距離約130公里。1993年，福州市人口就超過了550萬（如今超過了800萬）。那一年，習近平邁出了人生重要一步，他被任命為福建省委常委，同時

---

1 讀者們可以看到，記者從來沒有稱小布什為"紅色太子黨"，而小布什正是美國前總統老布什的兒子，老布什本人還擔任過中情局局長。

兼任福州市委書記。這是習近平擔任的第一個省級職位。

福建省現在擁有四千多萬人口，有一個經濟特區（廈門），還有多個人口超過 200 萬的城市。[1] 這是一個戰略要地，因為與台灣地區隔海相望，台灣島的很多居民都來自福建省。香港也有很大一部分人口來自福建省。福建人以擅長做生意而聞名。因此年輕的習近平進入的是一個重要省份的領導班子，這裏也是他政治生涯的關鍵一步。

50 歲時（2003 年），習近平的級別沒有變化，但是在福建省工作十年後，中央將他派往浙江省，2002—2003 年擔任代省長。這個沿海省份位於上海的西南方向，總人口超過 6500 萬，並有兩個十分重要的城市：杭州和溫州，杭州人口超過 1200 萬，溫州超過 950 萬。至 2007 年，習近平還先後擔任了浙江省委副書記、省委書記、省人大常委會主任、浙江省軍區黨委第一書記等職位……

2007 年，習近平 54 歲，此時他已經在省級職位上工作了多年，這一年他被任命為上海市委書記。

胡錦濤主席的第二個任期於 2013 年 3 月 14 日到期，當天，十二屆全國人大一次會議第四次全體會議選舉習近平為中華人民共和國主席。

與中國其他領導人一樣，習主席的權力也建立在協商一致和共同

1　2021 年 5 月 11 日，第七次全國人口普查結果公佈，其中福建省泉州市常住人口達到 878 萬，福州常住人口達到 829 萬，廈門常住人口達到 516 萬，漳州人口達到 505 萬，莆田人口達到 321 萬，寧德市人口 314.7 萬，龍岩市人口 272.4 萬，南平市人口 268.1 萬，三明市人口 248.6 萬。——譯者注

意願的基礎上，重要安排部署均經由中央政治局常委（7 人組成）一同協商，並且受到國家權力機構的監督。[1]

然而，西方媒體卻認識不到這種情況，也鮮少報道這個領導班子的其他成員。2013—2022 年，以習近平為核心的領導團隊包括 2013 年上任的總理李克強（生於 1955 年）、2018 年 3 月 17 日上任的副主席王岐山（生於 1948 年）、中央書記處書記劉雲山（生於 1947 年），還有栗戰書（生於 1950 年）、汪洋（生於 1955 年）、王滬寧（生於 1955 年）、趙樂際（生於 1957 年），以及副總理韓正（生於 1954 年）等人。[2] 這些人都有著豐富的政治履歷，與習近平的很相似。

我在這裏並不是要介紹中國與西方迥異的政治體制。只是為了舉例說明在中國不可能因為國家主席的個人喜好，便藉由選舉等理由改變人事任命。

在號稱民主的法國政府，內部結構卻非常多變。選人的時候不是看個人能力，而是看選票的多寡。如果一個人覺得自己連任的可能性低，他便容易選擇在位時儘可能地攫取利益。

曾於 2014 年至 2017 年擔任前總統奧朗德的公共關係顧問的加斯

---

1 根據中共中央印發的《中國共產黨中央委員會工作條例》，中央政治局常務委員會貫徹執行全國代表大會和中央委員會的決議、決定，組織實施中央政治局制定的方針政策，行使以下職權，包括“處理黨中央日常工作”“研究決定黨和國家工作中的重大問題和事項”“對重大突發性事件作出處置決定和工作部署”等。—— 譯者注

2 根據 2022 年 10 月 23 日中國共產黨第二十屆中央委員會第一次全體會議通過的《中國共產黨第二十屆中央委員會第一次全體會議公報》，新一屆中央政治局常務委員會委員為習近平、李強、趙樂際、王滬寧、蔡奇、丁薛祥和李希。—— 譯者注

帕德‧岡茲爾（Gaspard Gantzer）[1] 指出，畢業於國立行政學院的法國總理讓‧卡斯特克斯（Jean Castex）組建的新政府成員人數多達 43 人，與 2004 年拉法蘭政府成員的數量相同。據此，加斯帕德‧岡茲爾稱，這與馬克龍競選時的許諾相去甚遠，馬克龍在 2017 年曾承諾要組建一個"精簡到 15 人的政府"。

岡茲爾本人也是畢業於國立行政學院的精英分子、前政府高官，我不知道當他寫出下面的話語時是否在玩黑色幽默："看起來政府成員人數暴增的危害性並不大，最起碼沒有比民主能夠順利運轉帶來的危害大，畢竟越民主，意味著政府越不穩定。事實上，三年時間裏，馬克龍任命了 68 名部長。這比薩科齊還要誇張，後者在五年時間裏任命了 68 名部長。奧朗德時期呢，也差不多，74 個。"別忘了，馬克龍還任命了弗朗索瓦‧貝魯為"計劃高級專員"，這也是一個部長級職位，然而在此期間法國議會沒有通過任何"計劃"，因為 2022 年舉行總統選舉可是頭等大事，而在其他時間裏，大家在忙著收買選票。

2012 年，奧朗德當選法國總統，不久以後習近平當選為中國國家主席。此後，中國當局的人事任命一直很穩定，除了個別官員因為腐敗入獄。而法國呢，這段時間裏先後走馬上任過 143 名部長。結果就是：中國的國家政策保持了穩定性，而法國沒有多少國家政策能夠保持連貫。

1　加斯帕德‧岡茲爾（Gaspard Gantzer）生於 1979 年，2004 年畢業於法國國立行政學院，高級官員。《解放報》曾經將其描述為典型的酷酷的巴黎波波族。

2020 年 8 月，中國全國人大常委會（167 人）舉行會議，主要議程是審議通過"五年規劃"大政方針，該五年規劃（即"十四五規劃"）於 2021 年 3 月被提交給全國人大會議表決通過。在這段時間裏，我們法國的精英們，首先是總統先生，他在準備 2022 年的總統選舉，而不管他能否當選，對法國人來說結果都是一樣：會產生一個新的政府，會產生一批新的部長，唯一不變的，就是不會產生任何新的發展計劃。因為這些人的目標從來都是如何贏得更多選票。

　　今天，中國和世界其他國家最大的不同正在於這一點。中國在工作，在規劃，在建設。而我們這些國家在忙著選舉，因為每個人都想分到一杯羹（利益），一次簡單的選舉操作就能把掌舵一個國家的權力拱手相送給這樣一幫人 —— 他們既不關心百姓的民生福祉，也不在乎國家的長期目標。

　　　　　　　　　　　　　　　　　　　　　　　　被西方誤讀的中國

結論：中國，西方假想的敵人

那麼關於中國，我們的結論是什麼？如果我們對關於中國的新聞標題或者電視節目進行觀察和分析，那麼很容易發現：這些四處傳播的事關一個國家的信息非常不嚴謹，要麼是假新聞，要麼太誇張。

出於政治目的而操控信息的真實性，這種操作並不新鮮，可謂從我們所處世界誕生的那天起就有了。三十多年來，藉助互聯網的發展，虛假信息源更加豐富，傳播渠道更加多元，這種操作愈演愈烈。互聯網時代在為我們提供便捷的同時，也為不懷好意的檢舉和指控提供了土壤，傳播渠道也越來越多，包括臉書、推特、照片牆等，當然還有很多其他不知名的平台。

在美國前總統特朗普看來，這個名單還包括 Tik Tok、微信和其他平台。這些應用在他眼裏都是有漏洞的，因為都是由中國公司而非美國公司設計的。約瑟夫・拜登和他的團隊也沒有逃脫這個定律，他們仍舊堅持反中調子，因為這是美國中情局定調的。俄羅斯被制裁了 —— 這似乎成了每位美國總統的加冕儀式，俄羅斯被制裁的理由是參與了操縱美國大選。然而所有的制裁都沒有任何證據支撐，指控候選人特朗普和俄羅斯勾結的報告也被證實是偽造的。

美國和歐洲主流觀點被操控的背後，隱藏著兩個事實：一是國家種族主義（針對中國人和俄羅斯人），二是永久進行戰爭的策略 ——這個策略的推行需要兩個虛構的敵人。

為了推翻羅馬共和國，蓋烏斯・尤利烏斯・愷撒（Gaius Julius Caesar）面對懶惰散漫、負債纍纍的羅馬社會說道："你們都需要一場內戰。"他還說："如果要統治世界，就要違背正義。"

很可惜，如今是 2022 年了，美國政府的精神思維還跟 1830 年的渣甸（William Jardine）處在同一個水平。因此，面對今天發生的一切，我們無需感到驚訝，比如美國禁止德國完成一個油氣輸送工程，原因是油氣來自俄羅斯。如果這油氣是來自得克薩斯州，那麼放心好了，美國提都不會提的。

要記住這一點：對美國來說，中國和俄羅斯的作用是一樣的，即充當美國政府的假想敵。

美國政府部門的高官們是幕後的導演，他們這麼做的原因有兩個。

第一個純粹是經濟原因。中國已經成為世界上數一數二的經濟強國。這令我們不悅。至於中國的經濟騰飛是通過"自發的"還是"計劃的"方式實現的，這都不重要。重要的是，他們是通過勤勉工作來實現了經濟崛起。而我們呢，我們已經不再辛勤工作了。最近，由於新冠疫情的原因，中國政府甚至都需要頒佈一些命令，才能阻止人們聚集於工作場所。

我用了"自發的"這個說法，是為了說明這一點：很久以來，自由經濟體系已經不靈了，這與中國無關。西方國家可怕的財政系統的現狀就是例證，這個體系的某些地方出問題了 —— 至少存在十幾年了。

在如今的西方經濟體中，很多銀行已經不給儲戶利息了。近年的金融危機爆發後，甚至還出現了負利息的情況。換句話說，銀行不再給儲戶支付存款利息，而這個儲戶可以是你，是我，是我們每一個人。中國和亞洲其他國家沒有經歷過這種瘋狂。中國的小額存款仍舊可以得到利息收入。

中國的整體經濟發展都是被一步步規劃好的。中國政府的眼光很長遠，絕不是像美國的或法國的那樣（所有的西方民主體制都是如此），只能看到下一次全國選舉。

在這個問題上，我們早就提醒過了，但是有人聽了嗎？而中國，為了避免遭受任何經濟勒索，一直將巨大的國內市場當做其經濟發展的安全閥門，這也就是他們講的"雙循環"[1]。

由此，我們看到這兩種思維方式之間存在的深層分歧 —— 一方更看重短期的個人收益，而另一方更看重長遠的集體所得。

再舉個小例子。我們前面講過，有段時間裏中國在全國各地興

1　2021 年 3 月，《中華人民共和國國民經濟和社會發展第十四個五年規劃和 2035 年遠景目標綱要（草案）》提出，加快構建以國內大循環為主體、國內國際雙循環相互促進的新發展格局。—— 譯者注

修鐵路。同期的法國呢，則在關閉一些跟成本相比收益甚微的車站 —— 道路運營商就跟一個會計差不多了，完全不考慮造成的社會影響。更過分的是，我們還取消了一些火車車次，把火車看得跟租賃汽車一樣隨意。這種做法簡直是荒誕，因為我們都知道火車的運營成本基本上是固定的。瑞士聯邦鐵路公司在這方面做得很好，不管火車是否滿員，瑞鐵都始終正常運行，因為這事關社會責任。

到 2035 年，法國關閉的火車站肯定會比在 2020 年的更多，而中國屆時會建設成千上萬的車站。由此可見，如果民主是對公益事業不管不顧，默許這種"發展"繼續下去，那麼這樣的民主就是一句空話。

中國讓西方感到困惑的第二個原因是中國是一個精英治理的國家，而這些精英們並不像西方人那般普遍信仰宗教。同樣的，關於這個話題的爭論從 18 世紀時就有了。

中國古代社會很多人信奉儒教、道教和佛教的哲學體系和行為準則，[1] 而羅馬教廷一直對這些教義持否定態度。[2]

老子是中國早期提出治國思想的哲學家。

"是以聖人之治，虛其心，實其腹，弱其志，強其骨。常使民無知無慾。使夫智者不敢為也。為無為，則無不治。"[3] 老子提出何為

---

1 詳見塞爾日·貝爾蒂著《衝擊：中國前行（16 — 19 世紀）》第 3 章（Mettis 出版社，2014 年）。

2 詳見塞爾日·貝爾蒂著《衝擊：中國前行（16 — 19 世紀）》第 11 章。羅明堅與利瑪竇齊名，被譽為"西方漢學之父"，他在 1582 — 1588 年間生活在中國，是最早研究中國社會體制的耶穌會教士之一。

3 老子《道德經》第三章。

智者的的治理，並提出"聖人無常心，以百姓心為心"[1]，主張對待百姓不偏不倚：不將一些人視為寶玉，而將另一些人視若瓦礫。[2]

老子認為，世上有兩種仁：一種仁是為天下而愛天下，不單愛天下的某個部分，也不為某個人的利益，這是上仁；另一種仁是愛某個人，追求個體的利益，這是下仁。

這種社會哲學思想與我們起源於猶太—基督教的行為規範並不相同，也不契合美國政府的治國理念。

美國人自稱是"民主燈塔"，然而他們說了不算，因為美國並不是民主的裁判員。[3] 所以，邁克·蓬佩奧在指責中國不正常的時候他到底想表達的是什麼呢？他的標準是什麼？所謂"正常"指的是服務整個社會大眾還是服務某些特殊的利益群體？

孟德斯鳩（Montesquieu）寫過一本關於權力的著作。卡爾·馬克思（Karl Marx）也寫過類似的書，許多人可能都忘了，馬克思是一位哲學家，而不是共產黨的創建者。他是第一個提出資本主義必將走向滅亡的哲學家。

---

1 老子《道德經》第四十九章。

2 老子《道德經》第五章："聖人不仁，以百姓為芻狗"，意指在聖人面前，人和人之間是平等的，不分親疏，這就是平等心待人。

3 前北約秘書長安諾斯·福格·拉斯穆森（Anders Fogh Rasmussen）領導下的北約曾資助一家非政府組織做過一個問卷調查，結果顯示：在民主問題上，世界上很多國家並不認同美國。受訪者來自全球 53 個國家，其中 44% 的人不認同美國，只有 26% 的人持認同態度。這份調查問卷被發佈在 Telegram 平台上，調查者中僅有 28% 的人認為中國和俄羅斯對民主構成威脅。由此，我們可以看出媒體的報道和真相之間存在著巨大差距。這一差距也從側面反映出為何當今媒體的公信力如此之低。參見：RT，"World sees US as significantly greater threat to democracy than Russia – China – survey," May 5, 2021, https://on.rt.com/b7je。

我們在旅行途中目睹了數不清的證據。比如，我們在蒙育瓦看到一座製糖工廠，工廠的金屬架結構掩映在緬甸的熱帶叢林中。這座工廠始建於 1850 年，如今只剩下殘垣斷壁。在美國，到處都是廢棄的工廠，這是經濟發展的犧牲品。在法國，到處也都是廢棄的煉鋼廠和棄之不用的其他工廠，這種情況在法國北部地區尤其常見。這就是資本主義留在其身後的數不清的工業垃圾，而大眾福祉往往被棄之一旁。

那麼中國人會不會認為只要等著瞧就行了，因為我們的資本主義正在走向自我毀滅？

中國沒有等待，中國從來都沒有在等待什麼。人類群集時如果有一部分人受到某種思想的感染，那麼就難以阻止整個群體都逐漸擁有這種思想。社會心理學家古斯塔夫·勒龐（Gustave Le Bon）[1] 曾經在《烏合之眾》（*The Crowd : A Study of the Popular Mind*）一書中闡述過這個理論。

在西方社會中，我們已經發現，當遭遇較大的混亂時，比如此次疫情，我們的體制採取的措施有很多局限性，政府也很難體面地走出尷尬的困境。

當美國、瑞典和法國的城市都在上演騷亂的時候，中國正在建設國內的城市。當我們批評中國政府壓迫新疆人民時，實際上新疆卻一直在發展 —— 這裏的不平等現象、社會衝突以及宗教狂熱都大幅地

1　古斯塔夫·勒龐（Gustave Le Bon，1841 — 1931），法國社會心理學家、社會學家，群體心理學的創始人。

減少了。因此，理智一點地講，我們要做的也許不是批評中國，而是祝賀她取得好成績，比如在 2006 年到 2020 年間，中國在新疆這個邊遠白治區建設了 8216 千米的電路，而新疆地區的面積是法國的兩三倍，人口僅有 2500 多萬。

還有，不要僅僅因為與中國供應商合作，法國的電信運營商就被責令拆除相關手機基站，因為這種做法會讓用戶和顧客承擔數十億歐元的損失（電信公司才不會為此買單）。法國政府和國家信息系統安全局應該祝賀深圳，因為這座城市在一年時間裏就建設完成了 5G 網絡覆蓋，要知道這意味著一年內建成了 4.6 萬個基站！

然而在巴黎沒有人談論深圳的成就，也沒有媒體去報道這些成就，因為我們知道，雖然巴黎比深圳還要小，但是大家心裏都很清楚，深圳現在取得的 5G 建設成績，我們十年後也許都做不到。

當《中華人民共和國香港特別行政區維護國家安全法》通過時，馬克龍政府和其他歐洲政府都站出來了，一時間，歐洲和美國都在批評該法律的出台，但我們卻很少評論其他亞洲國家或地區。為什麼我們熱衷於談論香港，而不是關注新加坡、關注印度？中國沒有權利追求民族主義？但是對於那些超級小的國家，比如拉脫維亞和立陶宛，乃至烏克蘭的超級民族主義行為，我們卻表現得十分寬容。

有人會誠實地回答這個問題嗎？沒有人。大部分人只會說不相信香港地區的中國法官和律師，不相信他們判決的分裂國家罪、政黨接受國外資助罪，等等……總之，這些罪名在我們的立法中早就存在了。

2020 年，時任美國國務卿邁克·蓬佩奧呼籲西方國家組成 "一個新的民主聯盟"，聲稱這不是在兩個國家之間做選擇，而是在 "自由和暴政" 之間做選擇。[1] 如今，國務卿這個職位雖然換了一個立場不那麼尖銳的民主黨人，[2] 但是實質上也沒有改變什麼。這種涉華的長篇大論一點兒都不新穎，美國對中國的敵意也不是昨天才產生的。

我們花一點時間來回顧下 1954 年的日內瓦會議，[3] 當時召開此會議的主要目的是商討如何結束朝鮮戰爭。美國的參會代表是約翰·福斯特·杜勒斯（John Foster Dulles，1888 — 1959），他是艾森豪威爾總統負責外交事務的國務卿，中國當時派出的代表是周恩來（1898 — 1976）。

後來，曾於 1964 年至 1976 年擔任周恩來秘書的錢嘉東寫了一本回憶錄，他在書中寫道：

"日內瓦會議是新中國第一次參加世界高級別會議。黨和國家高度重視。我們的代表團人數眾多，因為這是一個增加參與高級別國際會議經驗的好機會……

"有一件軼事能夠很清楚地說明美國對中國代表團的行為和態度。大家傳聞當周恩來總理同約翰·福斯特·杜勒斯相遇的時候，後者拒絕同周總理握手。不過不久之後，大家就不記得當時究竟發生了

---

1 2020 年 7 月 24 日，時任美國國務卿蓬佩奧在加利福尼亞州尼克松總統圖書館發表涉華演講，散佈 "中國威脅論"。

2 即現任美國國務卿安東尼·布林肯。

3 1954 年 4 月 26 日至 7 月 21 日，蘇、美、英、法、中五國外交會議在日內瓦國聯大廈舉行，會議主要討論如何和平解決朝鮮問題和關於恢復印度支那和平問題。——譯者注

什麼了。我也不記得究竟是否發生過這件事。但是既然這個故事這麼多年還在傳，基本就被大家當成‘事實’了。

"事實上，參會者們都十分尊重周總理，而且所有人都對杜勒斯的傲慢自大很不滿。這個故事的另一個版本是杜勒斯的秘書史密斯，是他在茶歇間隙遇到周總理後，拒絕握手。因為美國代表團的人員早就接到過指示，會議期間禁止同任何中國代表團的人員握手，因此當史密斯看到周恩來總理時候，連忙用右手端起一杯咖啡假裝沒法握手，但他同時用左手碰了碰周恩來的胳膊示意！"[1]

如今 68 年過去了，美國外交人員的行為舉止還是老樣子，但是用這個辦法對付他們可能會有點用：告訴美國國務卿，中國現在的外匯儲備已經高達 3 萬多億美元，還是美國的第二大債權國。

中國真的應被視作敵人嗎？中國鎮壓她的人民了嗎？—— 你是從何得知這類消息呢？

十幾年來，哈佛大學肯尼迪政府學院艾什民主治理與創新中心一直對這個問題很感興趣。2020 年 7 月 16 日，該中心發表了一份最新的關於這個問題的調查報告 ——《理解中國共產黨的韌性：中國民意長期調查》。既然這份報告是一所美國大學做的，大家就不用懷疑並強說這份報告被中國共產黨篡改過了。

艾什中心對中國的三級行政區劃很感興趣，每一級都有自己的人大機關以及人大選舉產生的領導人。從低到高，這三級分別是縣，然

1　出自周恩來的秘書錢嘉東的回憶錄，《世界事務》《國際事務日報》（第二卷，第二期），1998 年 4 — 6 月。

後是市，最後是省。[1] 這種分級方式在全中國實行。要知道，這種行政分級區劃並不是共產主義的創新，在中國歷史上有其淵源。[2]

艾什中心的報告結論是什麼呢？——從 2003 年至今，中國民眾對政府的滿意度在全方位地不斷提升。

在省一級，滿意度從 75% 上升到了 81.7%。在市一級，人們的滿意度從 52% 上升到了 73.9%。而到了縣一級，這個數字從 43.6% 上升到了 70.2%。有趣的是，我們還發現行政等級越高，民眾的滿意度也越高。這反映出選拔優秀人才的益處。行政區劃級別越高的單位的領導者，其能力一般也越強。換句話說，那些能力一般的人，在縣級單位出現的概率可能更高，因此群眾滿意度也最低。但是這個體制本身還會繼續遴選，自我完善。人事任命的失誤會隨著時間流逝不斷得到修正，那些最差勁的人會被逐漸邊緣化。在法國很難做到這樣，2020 年 2 月，這場突如其來的新冠疫情已經從各個層面證明了：一種漫不經心的治理正在控制著法國，如今已經是 2022 年的春天，我們依舊毫無改變。

報告的結論證明了一點，之前我們對中國共產黨及其領導人的不

1　大致來說，中國的一個省就跟整個法國差不多大。中國的行政區劃分為省級、市級和縣級，每一級都有自己的領導人。每一級政府的領導人都必須經過同級人大代表們同意。像馬克龍政府那樣走馬燈式的人員流動在中國是不會出現的。空降政府領導人的情況也有，但必須經過同級人大代表們同意，所以這裏不會出現法國的情況：在總統所在黨派並不佔據多數的情況下，一個愛麗舍宮的秘書便空降巴黎大區成為市長。

2　前面我們講過，回顧每一位中國領導人的職業路徑，可以發現他們幾乎在每一級行政單位都工作過。這種晉升機制在中國歷史上已經存在。而這種情形並不適用於馬克龍，他只是因為機緣巧合才成為法國的最高領導人，這種中彩票似的民主在中國是不適用的。

被西方誤讀的中國

滿，都是我們的臆想，毫無根據。[1]

那麼，我們能夠抹去中國和西方民主國家之間的差異和人們對此產生的諸多困惑嗎？

我不這樣認為。這兩種社會，西方社會和中國社會的差異是巨大的，這是必須接受的現實。我們總是傾向於認為所有人都是一樣的，然後從這個出發點去考慮問題。但這是站不住腳的，我們有各種各樣的證據證明，這個近乎信仰的執拗想法本身就是錯誤的。但是不管用，我們就是這樣一個有信仰的族群，換句話說，不理智的族群。

1　皮尤研究中心於 2021 年 3 月 31 日發佈了一個調查報告：70% 的美國人認為美國政府腐敗，且無任何政治透明度可言。